区域科技创新平台建设与发展研究

QUYU KEJI CHUANGXIN PINGTAI JIANSHE
YU FAZHAN YANJIU

张佳宁 / 著

兰州大学出版社
LANZHOU UNIVERSITY PRESS

图书在版编目（CIP）数据

区域科技创新平台建设与发展研究 / 张佳宁著.
兰州：兰州大学出版社，2025. 6. -- ISBN 978-7-311
-06924-7

Ⅰ. F124.3

中国国家版本馆 CIP 数据核字第 2025LZ2765 号

责任编辑　哈雨昕
封面设计　汪如祥

书　　名　**区域科技创新平台建设与发展研究**
　　　　　QUYU KEJI CHUANGXIN PINGTAI JIANSHE YU FAZHAN YANJIU
作　　者　张佳宁　著
出版发行　兰州大学出版社　（地址：兰州市天水南路222号　730000）
电　　话　0931-8912613(总编办公室)　0931-8617156(营销中心)
网　　址　http://press.lzu.edu.cn
电子信箱　press@lzu.edu.cn
印　　刷　甘肃浩天印刷有限公司
开　　本　710 mm×1020 mm　1/16
成品尺寸　170 mm×240 mm
印　　张　12(插页2)
字　　数　191千
版　　次　2025年6月第1版
印　　次　2025年6月第1次印刷
书　　号　ISBN 978-7-311-06924-7
定　　价　58.00元

（图书若有破损、缺页、掉页,可随时与本社联系）

前　　言

当今世界正经历百年未有之大变局，科技创新已成为全球竞争的核心变量。作为国家发展的重要战略引擎，区域科技创新平台不仅是技术突破的孵化器，更是推动产业升级、资源配置优化、区域经济竞争力提升的关键载体。从《中国制造2025》到"新基建"（新型基础设施建设）战略，从粤港澳大湾区国际科技创新中心的崛起到长三角一体化创新生态的构建，科技创新平台在整合科研资源、加速成果转化、培育新兴产业中发挥着不可替代的作用。尤其在全球产业链重构的背景下，科技创新平台已成为我国突破"卡脖子"技术、实现高水平科技自立自强的核心抓手。科技创新平台不仅是技术创新的策源地，更是国家战略科技力量的重要支撑，其发展水平直接关系我国在全球价值链中的地位和话语权。

近年来，国家从顶层设计到政策落地，对科技创新的重视程度前所未有。《国家创新驱动发展战略纲要》明确提出"全面建成创新型国家"的目标；"十四五"国家科技创新规划将坚持创新置于现代化建设全局的核心地位；《关于完善科技成果评价机制的指导意见》等政策文件，则从制度层面为创新生态的优化提供了保障。地方政府积极响应，例如北京、上海、深圳等地相继推出"科技创新条例"，通过减免税收、研发补贴、保护知识产权等政策组合拳，激发企业、高校和科研机构的创新活力。此外，国家大力推动"揭榜挂帅""赛马制"等新型科研组织模式，旨在破除体制机制障碍，释放创新潜能。这些政策举措不仅体现了国家对科技创新的战略决心，也为区域科技创新平台的建设提供了政策红利和制度保障。可以说，科技创新已从单一的技术命题上升为关乎国家命运的系统性工程。

在此背景下，本书源于笔者多年参与区域科技创新平台规划与建设的实践体悟，以及对中国科技创新发展路径的深度思考。当前，尽管学界对科技创新平台的研究已取得了一定成果，但系统探讨其理论框架、运行机制、政策环境及实践案例的著作仍显不足，尤其是如何将创新生态理论、耦合机制、平台经济学等跨学科视角融入区域科技创新平台的建设中，尚缺乏综合性研究。本书试图填补这一空白，以"理论构建—机制解析—实践验证—未来展望"为逻辑主线，构建覆盖全链条的分析体系。全书共分为九章：第一章至第三章从创新生态理论出发，解析区域科技创新平台的构成要素、功能价值与运行机制；第四章至第六章聚焦政策环境、建设模式与典型案例，深入探讨政府、企业、产学研协同的实践路径；第七章和第八章通过运行效率评价和实证分析，揭示平台发展的关键影响因素；第九章则立足数字化转型与全球化趋势，展望未来挑战与机遇。本书的特色在于融合了管理学、经济学与政策科学，形成交叉视角，既注重理论深度，又强调实践指导性，力求为政府决策者、企业管理者及科研工作者提供兼具学术价值与现实意义的参考。科技创新平台的构建是一项复杂的系统工程，需要多方主体的协同、制度环境的优化与持续创新的韧性。

　　本书既是笔者对过去十年中国科技创新实践的经验总结，亦是对未来发展的理性展望。期待通过本书的探讨，能为我国区域科技创新平台的高质量发展贡献绵薄之力，助力中国在全球科技竞争中行稳致远。

目　　录

第一章

绪　论

1　研究背景与意义

1.1　科技创新：全球经济竞争的决胜密码

在当今全球化的时代浪潮中，科技创新已成为推动国家和区域经济发展的核心动力，宛如一个决胜密码，掌控着全球经济竞争的主动权。随着知识经济的兴起，科技以前所未有的速度迭代更新，创新的步伐也不断加速，使得科技创新能力毫无争议地成为衡量一个国家或地区综合实力的关键指标。在这个没有硝烟的全球经济竞争战场上，各国纷纷加大对科技创新的投入，全力以赴争夺科技制高点，期望借此获取经济发展的强大驱动力。

提及科技创新引领经济发展的典范，美国硅谷无疑占有一席之地。自20世纪中叶崛起以来，硅谷凭借其独特的创新生态系统，吸引了全球顶尖的科技人才和大量的风险投资，并汇聚了众多高科技企业。在这片充满创新活力的土地上，诞生了如苹果、谷歌、Facebook等一大批引领全球科技潮流的巨头企业。这些企业在计算机科学、互联网技术、人工智能等前沿领域持续创新，不断推出具有划时代意义的产品和服务，不仅深刻改变了人们的生活方式，还带动了整个区域乃至全球相关产业的蓬勃发展。据统计，2021年硅谷GDP同比增长8.7%，占加州全域GDP的12.8%，风险投资额更是达到了950亿美元的历史新高。硅谷的成功生动诠释了科技创新对经济发展的强大拉动作用，硅谷成为全球科技创新的标杆和典范。

我国近年来在5G通信、高铁技术等领域取得的重大突破，同样彰显了科技创新在经济发展中的关键地位。在5G通信领域，我国企业积极参与全球5G标准的制定，加大研发投入，实现了从技术跟跑到引领的华丽转身。截至2025年1月，我国已建成全球规模最大、技术领先的5G网络，建设开通5G基站的数量突破425万个，5G移动用户普及率超71%，5G物联网终端连接数达7 928万个。5G技术的广泛应用，不仅催生了如自动驾驶、虚拟现实、增强现实等新兴业态，为经济增长注入了新的活力，还推动了传统产业的数字化转型，提升了产业的生产效率和竞争力。例如，在工业领域，5G技术与工业互联网的深度融合，实现了生产过程的实时监控和精准控制，降低了生产成本，提高了产品质量。

我国高铁技术的发展更是举世瞩目。从无到有，从追赶到超越，中国高铁在短短十几年间达到了世界领先水平。我国高铁以其先进性、安全性和高效性成为科技创新的一张亮丽名片。截至目前，我国高铁运营里程已超过4万千米，占全球高铁总里程的三分之二以上。高铁的快速发展，不仅极大地缩短了城市之间的时空距离，促进了区域经济一体化发展，还带动了相关设备制造、工程建设、旅游等产业的协同发展。以京张高铁为例，其智能化的自动驾驶和智能运维系统，不仅提升了交通效率和安全性，还吸引了大量游客前往崇礼地区，带动了当地住宿、餐饮、娱乐等服务行业的繁荣发展。同时，高铁的开通也促进了沿线城市的房地产市场升温，吸引了更多企业前来投资设厂，形成了良性经济循环。

1.2　区域科技创新平台：区域创新体系的核心引擎

区域科技创新平台作为区域创新体系的重要组成部分，宛如一台强劲的核心引擎，在推动区域经济发展中发挥着不可替代的关键作用。它是区域内各类创新主体聚集、协同的重要载体，犹如一个强大的磁场，吸引着企业、高校、科研机构、政府和金融机构等各方力量汇聚于此，共同奏响创新的乐章。

在这个充满活力的创新生态系统中，企业是创新的主力军。它们凭借敏锐的市场洞察力和对利润的追求，将创新成果转化为实际的产品和服务，推动产业的发展和升级。高校和科研机构则是知识创新的源头，拥有丰富的科研资源和高素质的科研人才，能够开展前沿性的基础研究和应用研究，为企业创新提供强大的技术支持和知识储备。政府在其中扮演着引导者和协调者的角色，通过制定政策、提供资金支持和完善基础设施等方式，为创新活动营造良好的政策环境和社会氛围。金融机构则为创新提供资金保障，满足创新主体的资金需求，助力创新项目的顺利推进。

区域科技创新平台能够整合区域内的科技资源、人才资源、资金资源等，形成强大的创新合力。以武汉东湖新技术开发区为例，这里汇聚了武汉大学、华中科技大学等众多知名高校，以及中国科学院武汉分院等科研机构，拥有丰富的科研人才资源。同时，众多高新技术企业，如烽火通信科技股份有限公司、华工科技产业股份有限公司（简称华工科技）等，在此扎根发展，形成了良好的产业基础。东湖新技术开发区通过建设各类科技创新平台，如光谷软件园、武汉未来科技城等，将高校、科研机构和企业紧密联系在一起，实现了科技资源的共享和配置优化。在这些平台的支持下，企业能够与高校、科研机构开展产学研合作，共同攻克技术难题，加速科技成果转化。例如，华工科技与华中科技大学合作，在激光技术领域取得了一系列重大突破，成功研发出高性能的激光加工设备，广泛应用于汽车制造、电子信息等多个领域，提升了企业的核心竞争力，也推动了整个产业的发展。

区域科技创新平台通过提供技术研发、成果转化、企业孵化、人才培养等多元化服务，为企业创新提供了全方位的支持。在技术研发方面，平台汇聚了大量科研人才和先进的科研设备，能够为企业提供专业的技术研发服务，帮助企业攻克技术难题，提升技术水平。在成果转化方面，平台建立了完善的成果转化机制，通过搭建技术交易市场、举办科技成果对接会等方式，促进科技成果与企业需求的有效对接，加速科技成果的产业化进程。在企业孵化方面，平台为初创企业提供办公场地、资金支持、创业辅导等一系列孵化服务，帮助初创企业降低创业风险，提高创业成功率。在人才培养方面，平台与高校、科研机构合作，开展人才培养和培训活动，为企业培养和输送高素质的创新人才。

1.3　产业升级的强力助推器

（1）吸引创新企业，催生产业集群

区域科技创新平台凭借其独特的优势，成为吸引高新技术企业和创新型企业入驻的强大磁石。这些平台通常具备完善的基础设施、丰富的科研资源、宽松的政策环境，以及优质的创新服务，能够为企业提供良好的发展条件和广阔的创新空间。

以苏州工业园区为例，作为中国改革开放的前沿阵地和科技创新的高地，苏州工业园区始终坚持创新驱动发展战略，高度重视科技创新平台的建设。通过打造一系列高能级的科创平台，如苏州生物医药产业园、苏州纳米城等，苏州工业园区吸引了众多生物医药、纳米技术等领域的创新企业。这些平台不仅为企业提供了现代化的办公场地、先进的科研设备和完善的配套设施，还出台了一系列优惠政策，包括税收减免、资金扶持、人才补贴等，降低了企业的创新成本和运营风险。同时，平台还积极提供各类创新服务，如技术研发、成果转化、知识产权服务等，为企业提供全方位的创新服务。

在苏州生物医药产业园，汇聚了620余家高科技创新企业和近3.5万名高层次科技人才。这些企业涵盖了生物医药研发、生产、销售等各个环节，形成了完整的产业链。在产业集群的形成过程中，龙头企业发挥了重要的引领和带动作用。以信达生物制药（苏州）有限公司（简称信达生物）为例，作为园区生物医药产业的领军企业，信达生物在创新药物研发领域取得了一系列重大突破，其研发的多款新药已成功上市，为患者带来了福音。信达生物的发展不仅提升了自身的核心竞争力，还吸引了一批上下游企业围绕其进行产业配套，形成了产业集聚效应。这些企业在相互协作、相互竞争的过程中，不断优化产业结构，提高产业整体水平，推动了生物医药产业集群的发展壮大。

（2）激发创新活力，驱动产业高端化发展

在区域科技创新平台的支持下，企业的创新活力得到了充分激发，技术创新和产品升级不断涌现。平台通过提供丰富的创新资源、完善的创新服务，以及良好的创新生态环境，为企业开展创新活动提供了有力保障。企业在平台的支持下，加大研发投入，积极开展技术创新和产品升级，推动传统产业向高端化、智能化、绿色化方向发展，提升产业竞争力。

以长春高新区为例，其围绕先进装备制造、生物医药、光电信息、新材料、新能源等主导产业，积极组织科技型企业申报国家、省、市级科技发展计划项目，构建了以财政资金引导、企业投入为主的创新模式。在先进装备制造领域，区内企业加大在智能制造、高端装备研发等方面的投入，引进先进的生产技术和设备，实现了生产过程的自动化、智能化和数字化。例如，吉林省科英激光股份有限公司在激光加工设备研发方面取得了重大突破，研发出的高性能激光加工设备广泛应用于汽车制造、电子信息等多个领域，提高了生产效率和产品质量，推动了先进装备制造产业向高端化发展。

在生物医药领域，长春高新技术产业开发区的企业注重创新药物研发和生物技术创新，加强与高校、科研机构的合作，开展产学研联合攻关。长春生物制品研究所有限责任公司在疫苗研发方面不断取得新成果，其研发的多款疫苗在预防疾病、保障公众健康方面发挥了重要作用。同时，企业还积极探索生物医药与人工智能、大数据等新兴技术的融合，推动生物医药产业向智能化方向发展。例如，利用人工智能技术进行药物研发，能够提高研发效率，降低研发成本，加速新药上市进程。

在推动产业绿色化发展方面，区域科技创新平台发挥了重要作用。平台鼓励企业采用环保材料、节能技术和清洁生产工艺，减少生产过程中的环境污染和资源消耗。以湖南岳阳云溪工业园区为例，作为中南地区重要的石化能源基地和湖南省唯一的精细化工产业基地，云溪工业园在发展过程中，注重科技创新与绿色发展的结合。园区内的企业通过技术创新，采用先进的环保技术和设备，对生产过程中的废气、废水、废渣进行有效处理和循环利用，实现了资源的高效利用和环境的可持续发展。同时，园区还积极引导企业发展绿色化工产业，培育和引进了一批以生产环保型化工产品为主的企业，推动了石化产业向绿色化方向转型升级。

1.4 创新生态的精心构建者

（1）促进创新主体互动，编织创新网络

区域科技创新平台宛如一座桥梁，紧密连接着企业、高校、科研机构、政府等创新主体，促进各方之间的互动与合作，编织出一张紧密而高效的创新网络。在这个网络中，各创新主体充分发挥自身优势，实现资源共享、优势互补，共同推动区域创新的发展。

以深圳为例，深圳的科技创新平台在促进创新主体互动方面发挥了重要作用。深圳拥有众多知名高校和科研机构，如深圳大学、南方科技大学、清华大学深圳国际研究生院等，这些高校和科研机构为深圳的科技创新提供了强大的智力支持。同时，深圳还汇聚了大量的高新技术企业，如华为、腾讯、比亚迪等，这些企业在市场竞争中不断创新，对技术和知识有着强烈的需求。

深圳的科技创新平台通过举办各类创新创业活动，如科技成果对接会、创新创业大赛、产学研合作论坛等，为创新主体之间的交流与合作提供了广阔的空间。在这些活动中，企业可以与高校、科研机构面对面交流，了解最新的科研成果和技术动态，寻求技术合作和创新解决方案。高校和科研机构也可以通过这些活动了解企业的实际需求，将科研成果更好地应用于实际生产中，实现科技成果的转化和产业化。

此外，深圳的科技创新平台还积极推动创新主体之间的协同创新。例如，深圳的一些科技园区通过建立产学研合作基地，吸引高校和科研机构入驻，与园区内的企业开展深度合作。在这些合作基地中，高校、科研机构和企业共同组建研发团队，围绕产业发展的关键技术问题开展联合攻关，实现了技术创新的协同发展。以深圳虚拟大学园为例，这里汇聚了国内外众多知名高校的分支机构，通过与深圳的企业开展产学研合作，取得了一系列丰硕成果。截至目前，深圳虚拟大学园已累计孵化企业超过2 000家，培育了一大批高新技术企业和创新型人才。

（2）加速知识流动，提升创新效率

在创新生态中，知识的流动和技术的转移是创新的关键环节。区域科技创新平台通过促进创新主体之间的互动与合作，打破了知识和技术壁垒，加速了知识的流动和技术的转移，提高了区域创新效率。

知识的流动是一个复杂的过程，涉及知识的产生、传播、吸收和应用等多个环节。在区域科技创新平台的支持下，高校和科研机构作为知识的生产者，能够将最新的科研成果及时传播给企业和其他创新主体。企业作为知识的应用者，能够将市场需求和实际生产中的问题反馈给高校和科研机构，促进高校和科研机构的科研方向与市场需求紧密结合。同时，创新主体之间的合作与交流也促进了知识的共享和整合，使得不同领域、不同学科的知识能够相互融合，从而产生新的创新思路和解决方案。

技术转移是将技术从研发者转移到使用者的过程，是实现科技成果转化和产业化的关键。区域科技创新平台通过建立完善的技术转移服务体系，为技术转移提供全方位的支持。这些服务体系包括技术评估、技术交易、知识产权保护、技术咨询等多个方面，能够帮助企业和高校、科研机构解决技术转移过程中遇到的各种问题，降低技术转移的风险和成本。

例如，深圳的一些科技创新平台建立了技术交易市场，为技术供需双方提供了一个公开、公平、公正的交易平台。在这个平台上，企业可以发布技术需求信息，高校和科研机构可以发布科研成果信息，双方可以通过平台进行技术对接和交易。同时，平台还提供技术评估、知识产权保护等服务，确保技术交易的合法性和安全性。此外，深圳的一些科技创新平台还通过与国内外的技术转移机构合作，建立了国际技术转移渠道，促进了国内外技术的交流与合作，提升了区域的技术创新水平。

通过加速知识流动和技术转移，区域科技创新平台有效地提高了区域的创新效率。在这个过程中，创新成果能够更快地转化为实际生产力，推动区域经济的发展和产业的升级。同时，创新效率的提升也进一步激发了创新主体的积极性，形成了一个良性循环，促进了区域创新生态的不断完善和发展。

1.5 研究的深远意义与价值

综上所述，区域科技创新平台建设与发展的研究具有不可估量的重要性，其意义深远且影响广泛，贯穿区域经济发展、产业升级以及创新生态构建等多个关键领域。

从区域经济发展的宏观视角来看，科技创新平台宛如一座桥梁，连接着区域内的各类创新要素，促进了资源的优化配置和高效利用。通过整合科技资源、人才资源和资金资源，平台为创新活动提供了坚实的物质基础和智力支持，激发了区域内的创新活力，推动了经济的持续增长。以深圳为例，这座充满创新活力的城市，凭借众多科技创新平台的支撑，吸引了大量的高科技企业和创新人才汇聚于此。华为、腾讯等行业巨头在这些平台的助力下，不断加大研发投入，推出了一系列具有全球影响力的创新产品和服务，不仅带动了相关产业的发展，还为深圳的经济增长注入了强大动力。深圳经济特区成立40多年以来，地区生产总值从1980年的2.7亿元增至2023年的3.46万亿元，增长超1万倍。深圳迅速从一个落后的边陲农业县蜕变为一座充满魅力、动力、活力和创新力的国际化创新型城市，这其中，科技创新平台发挥了不可或缺的作用。

在产业升级方面，区域科技创新平台是推动传统产业向高端化、智能化、绿色化转型的关键力量。平台通过吸引高新技术企业和创新型企业入驻，带动了产业集群的形成和发展。这些企业在平台的支持下，不断进行技术创新和产品升级，提高了产业的附加值和竞争力。例如，苏州工业园区通过打造生物医药产业园、纳米城等科技创新平台，吸引了大量生物医药和纳米技术领域的企业集聚。这些企业在创新的过程中，不断突破关键技术，研发出了一系列具有自主知识产权的创新产品，推动了苏州生物医药和纳米技术产业的高端化发展，使苏州在全球范围内这些领域占据了一席之地。

创新生态构建是区域科技创新平台的另一项重要使命。平台促进了企业、高校、科研机构、政府等创新主体之间的互动与合作，形成了一个良性循环的创新生态系统。在这个生态系统中，知识和技术得以快速流动和传播，创新效率得到了显著提升。以美国硅谷为例，硅谷的科技创新平台汇聚了斯坦福大学、加州大学伯克利分校等世界顶尖高校，以及谷歌、苹果等众多高科技企业。高校与企业之间紧密合作，高校的科研成果能够迅速转化为企业的创新产品，企业的需求也为高校的科研提供了方向。同时，政府通过制定政策、提供资金支持等方式，为创新生态的构建提供了良好的政策环境和资源保障。这种创新生态的形成，使得硅谷成为全球科技创新的高地，不断涌现出引领全球科技发展的创新成果。

本研究对相关领域的研究和实践具有重要的指导价值。在理论研究方面，对区域科技创新平台建设与发展的深入研究，有助于丰富和完善区域创新理论体系，为进一步探讨科技创新与区域经济发展的关系提供新的视角和思路。在实践应用方面，研究成果可以为政府部门制定科技创新政策、规划科技创新平台建设提供科学依据，帮助政府更好地引导和支持区域科技创新发展。同时，对于企业和高校、科研机构等创新主体来说，本研究成果也具有重要的参考价值，能够帮助他们更好地了解区域科技创新平台的功能和作用，找准自身在创新生态中的定位，加强合作与交流，共同推动区域科技创新的发展。

在当今全球化的时代，科技创新已成为推动国家和区域经济发展的核心动力。随着知识经济的兴起，科技的快速迭代和创新的加速，科技创新能力成为衡量一个国家或地区综合实力的关键指标。各国在全球经济竞争的舞台上，纷纷加大对科技创新的投入，以争夺科技制高点，获取经济发展的主动权。从美国硅谷的科技创新奇迹，到中国在5G通信、高铁技术等领域的突破，都彰显了科技创新在经济发展中的关键地位。

区域科技创新平台作为区域创新体系的重要组成部分，在促进地方经济发展中发挥着不可替代的作用。它是区域内各类创新主体聚集、协同的重要载体，能够整合区域内的科技资源、人才资源、资金资源等，形成创新合力。通过提供技术研发、成果转化、企业孵化、人才培养等多元化服务，区域科技创新平台为企业创新提供了有力支持，推动了区域内产业的升级和转型。

在产业升级方面，区域科技创新平台能够吸引高新技术企业和创新型企业入驻，带动相关产业的集聚和发展，形成产业集群效应。这些企业在平台的支持下，不断进行技术创新和产品升级，推动传统产业向高端化、智能化、绿色化方向发展。以苏州工业园区为例，通过打造高能级科创平台，其吸引了众多生物医药、纳米技术等领域的创新企业，推动了当地产业的高端化发展，形成了具有国际竞争力的产业集群。

在创新生态构建方面，区域科技创新平台促进了创新主体之间的互动与合作，包括企业、高校和科研机构、政府等。这种互动与合作形成了良好的创新生态，加速了知识的流动和技术的转移，提高了区域的创新效率。例如，深圳的科技创新平台通过与高校、科研机构紧密合作，实现了科技成果的快速转化和产业化，形成了以企业为主体、市场为导向、产学研深度融合的创新生态系统。

2 国内外研究现状

2.1 国内研究现状

国内对于区域科技创新平台的研究，在理论探索与实践总结方面都取得了显著进展，为我国区域创新发展提供了有力支撑。

（1）建设历程回顾

我国区域科技创新平台的建设历程丰富且具有重要意义。2002年，科技部提出条件平台建设的最初构想，旨在解决科技基础条件薄弱的问题，为后续的平台建设奠定了思想基础。2004年，《2004—2010年国家科技基础条件平台建设纲要》出台，明确了国家科技基础条件平台建设的目标、任务和重点，标志着我国科技创新平台建设进入了有规划、有步骤的实施阶段。此后，《国家中长期科学和技术发展规划纲要（2006—2020年）》再次强调加强科技基础条件建设的重要性，进一步推动了科技创新平台的建设。

在建设过程中，我国形成了多种类型的科技创新平台。基础条件类平台注重对科技资源的整合与共享，如大型科学仪器、设备、设施的共享，以及对科学数据、科技文献、自然科技资源的整合与优化。通过建立统一的技术标准和规范，实现资源的信息化、网络化，提高资源的利用效率。技术研发类平台则聚焦于关键技术的研发，旨在突破技术瓶颈，推动产业升级。例如，在一些战略性新兴产业领域，建设了一批国家级工程研究中心和重点实验室，集中优势力量开展核心技术攻关。创新服务类平台致力于为创新主体提供全方位的服务，包括技术转移、知识产权服务、科技金融服务等，促进了科技成果的转化和应用。

（2）典型区域案例分析

北京中关村科技园作为我国科技创新的高地，拥有强大的"知本"优势。这里汇聚了众多知名高校和科研院所，如北京大学、清华大学、中国科学院等，是大学、科研院所和科技人才的集聚地。中关村拥有国家级重点实验室63个，占北京地区的77.3%，占全国的28.0%；国家工程研究中心29个，占北京地区的68.75%；国家工程技术研究中心31个，占北京地区的51.3%，占全国的19.8%。高新技术企业数量众多，集聚了2万多家，还吸引了近80

家跨国公司的分支机构和地区总部，其中研发机构达70家。然而，中关村也面临一些问题，如产学研合作机制不完善，企业尚未完全成为真正的技术创新主体，区域创新体系功能定位不够明确，创新体系结构有待进一步优化。

上海张江高科技园区自20世纪90年代成立以来，凭借独特的地理位置和政策优势，吸引了大量国内外科技企业入驻。这里汇聚了众多高水平的研究机构和高校，孕育出了一批创新型企业，已成为中国"芯"战略的重要基地，在人工智能、生物科技、新能源等多个领域持续发力。张江高科技园区的成功离不开国家政策的支持和地方政府的努力，通过建立科技成果转化机制，不断涌现出大量拥有自主知识产权的科技成果。但在全球科技竞争日趋激烈的背景下，其也面临着如何持续保持创新动力、提升国际竞争力的挑战。

（3）理论研究进展

国内学者在区域科技创新平台的理论研究方面成果颇丰。在概念界定上，学者们从不同角度进行了阐释，认为区域科技创新平台是在一定地域内，由各种创新要素相互作用而形成的，具有创造、存储和转移知识、技能和新技术产品等功能的动态开放的复杂网络系统。在功能方面，强调其具有资源集聚、协同创新、成果转化等重要作用，能够整合区域内外的创新资源，促进创新主体之间的合作与交流，推动科技成果向现实生产力转化。

在运行机制的研究上，学者们提出了多种观点。有的学者认为应建立完善的组织保障机制，明确各创新主体的职责和权利，加强组织协调，确保平台的高效运行。协同整合机制也至关重要，通过促进产学研各方的深度合作，实现创新资源的优化配置和协同创新。创新激励机制则通过制定合理的政策和措施，激发创新主体的积极性和创造性，如设立科技奖励制度、提供税收优惠等。

2.2 国外研究现状

国外对于区域科技创新平台的研究起步较早，在理论和实践方面都取得了丰富的成果。

（1）美国模式剖析

美国的科技创新体系堪称全球典范，由企业实验室、联邦政府所属实验室、高校和私人非营利研究机构构成的四大系统，在科技创新的舞台上各自发挥着独特而关键的作用。

私人工业企业实验室作为科技创新的前沿阵地，在推动技术创新和产品研发方面发挥着不可替代的作用。以贝尔实验室为例，它诞生了晶体管、激光、太阳能电池等众多改变世界的发明，为现代通信和信息技术的发展奠定了基础。这些企业实验室紧密结合市场需求，将大量资金投入到研发中，凭借敏锐的市场洞察力和强大的创新能力，不断推出具有竞争力的新产品和新技术，推动产业的升级和发展。据统计，美国企业在研发投入方面占据了相当大的比重，许多科技巨头如苹果、谷歌、微软等，每年的研发投入都高达数十亿美元，这使得它们在全球科技领域中始终保持领先地位。

联邦政府所属实验室则专注于基础研究和国家战略领域的科技创新。例如，美国国家航空航天局（NASA）的实验室在航空航天、地球科学等领域取得了众多举世瞩目的成果。从人类首次登月到火星探测，从卫星技术到太空望远镜，NASA的科研成果不仅推动了美国航天事业的飞速发展，也为全球的科学研究和技术进步做出了重要贡献。能源部的国家实验室在能源研究、核科学等领域也发挥着关键作用，致力于解决国家能源安全和可持续发展的重大问题。

高校在科技创新中扮演着重要角色，是知识创新和人才培养的摇篮。美国顶尖高校如斯坦福大学、麻省理工学院等，拥有世界一流的科研设施和优秀的科研人才。它们不仅在基础科学研究方面成果丰硕，还通过产学研合作，将科研成果迅速转化为实际生产力。斯坦福大学孕育了众多高科技企业，如惠普、谷歌等，形成了著名的硅谷科技产业集群。高校的科研人员在学术期刊上发表大量高质量的论文，为科技创新提供了坚实的理论基础。同时，高校还培养了大量高素质的创新人才，这些人才毕业后进入企业和科研机构，成为推动科技创新的重要力量。

私人非营利研究机构也在科技创新中发挥着独特的作用。它们专注于特定领域的研究，为科技创新提供了多元化的视角和解决方案。例如，霍华德·休斯医学研究所（HHMI）在生命科学领域进行了大量前沿研究，取得了许多重要成果，为攻克疑难病症和推动医学进步做出了贡献。

（2）欧洲区域创新系统

欧盟对区域创新系统的研究成果丰硕，在推动区域创新方面采取了一系列积极有效的措施。欧盟建立了专门的区域创新系统研究网站，为科研人员和政策制定者提供了丰富的信息和交流平台。定期举办的区域创新系统学术会议，汇聚了来自欧洲各地的专家学者，共同探讨区域创新的理论和实践问题，为政策制定提供了有力的理论支持。

欧盟还制定了一系列行动计划，如"地平线2020"计划，该计划整合了欧盟层面的科研项目和金融支持方案，旨在促进欧洲区域内的科技创新和协同发展。通过中小企业工具、创新快速通道、未来赋能技术计划等具体措施，为中小企业、创新联合体和前沿研究项目提供资金支持，激发创新活力。在"地平线2020"计划的支持下，许多中小企业在科技创新方面取得了突破，推动了欧洲科技产业的多元化发展。

此外，欧盟还开展了跨国区域创新系统研究项目，如欧洲研究区（ERA）的建设。ERA旨在整合成员国的创新资源和力量，提升欧盟整体的创新竞争力。通过建立共同的治理框架、政策咨询建议机制和监督机制，促进了创新要素在区域内的自由流动和共享。在ERA的框架下，各成员国科研机构和企业加强了合作，共同开展科研项目，实现了资源共享和优势互补。例如，在新能源汽车领域，各成员国的科研机构和企业共同合作，攻克了一系列关键技术难题，推动了欧洲新能源汽车产业的发展。

（3）其他国家经验

日本在科技创新平台建设方面注重产学研合作，通过建立官产学研一体化的创新体系，促进了科技成果的转化和应用。日本政府出台了一系列政策法规，鼓励企业、高校和科研机构加强合作。例如，设立了专门的科技成果转化机构，为产学研合作提供中介服务和资金支持。企业与高校、科研机构建立了紧密的合作关系，共同开展研发项目，将高校和科研机构的科研成果迅速转化为产品推向市场。以丰田汽车为例，它与日本国内多所高校和科研机构合作，在汽车技术研发方面取得了众多成果，使其在全球汽车市场中占据重要地位。

韩国则通过政府主导的方式，大力推动科技创新平台建设。韩国政府制定了明确的科技发展战略，如"科技立国"战略，加大对科技研发的投入；设立了大量的科研基金和创新中心，为企业和科研机构提供资金和技术支持。同时，韩国注重培养高素质的科技人才，通过加强教育改革和国际交流，吸引了大量优秀人才回国创业和从事科研。韩国在半导体、电子通信等领域取得了显著成就，三星、LG等企业在全球科技产业中具有重要影响力。

2.3　国内外研究对比与启示

（1）差异分析

在建设模式上，国外如美国以市场为主导的模式，各创新资源配置合理，创新主体依据市场导向明确分工，在创新链不同环节自主创新，像硅谷的发展就是市场牵引创新的典型。而我国在建设初期政府引导作用较为突出，通过政策规划和资金支持推动平台建设，如各类国家级高新区、科技园区的设立，在发展过程中逐渐强调市场机制的作用，引导企业成为创新主体。

政策支持方面，发达国家政策体系较为完善，注重长期稳定的投入和政策的连贯性。例如，欧盟通过"地平线2020"等计划，整合资源，为创新提供持续的资金和政策支持。国内政策更多是根据不同发展阶段和产业需求进行调整，在鼓励企业创新、人才引进、成果转化等方面出台一系列针对性政策，但在政策的协同性和执行效果评估方面还有待加强。

产学研合作方面，国外产学研合作模式成熟，合作紧密且多元化。美国高校、科研机构与企业形成了强大的产学研合作网络，科技成果转化效率高，如斯坦福大学与硅谷企业的合作，促进了科技成果快速商业化。我国产学研合作虽然取得一定进展，但仍存在合作机制不健全、利益分配不合理等问题，导致部分合作停留在表面，未能充分发挥各方优势。

（2）启示与借鉴

国外研究为我国区域科技创新平台建设提供了多方面的启示。在建设模式上，应进一步完善市场机制，充分发挥市场在资源配置中的决定性作用，引导创新资源向有需求、有潜力的领域和企业流动，提高创新效率和质量。同时，政府要更好地发挥引导和服务作用，营造良好的创新环境，加强基础设施建设，提供政策支持和公共服务。

政策支持方面，我国应加强政策的系统性和前瞻性，制定长期稳定的科技创新政策，明确科技发展战略方向，加大对基础研究和关键核心技术研发的支持力度。建立健全的政策评估机制，及时调整和完善政策，确保政策有效实施。

产学研合作方面，需借鉴国外经验，构建更加紧密、高效的产学研合作机制。明确各方在合作中的权利和义务，建立合理的利益分配机制，激发各方合作的积极性。加强高校和科研机构的科研成果与市场需求的对接，提高科技成果的转化效率，促进科技与经济的深度融合。

国内外对于区域科技创新平台建设的研究在理论和实践层面均取得了丰富成果。国外研究起步早，在建设模式上，美国以市场为主导，创新资源配置合理；欧盟通过区域创新系统整合资源；日本注重产学研合作；韩国政府主导推动，各自形成了成熟的经验。国内研究在建设历程上逐步完善，从提出设想到出台规划纲要，形成了多种类型的科技创新平台；典型区域案例分析展现了不同区域的创新特色与面临的问题；理论研究在概念界定、功能阐述和运行机制的探讨方面不断深入。通过对比发现，国内外在建设模式、政策支持和产学研合作等方面存在差异，国外的经验为我国提供了从完善市场机制、加强政策系统性到构建高效产学研合作机制等多方面的启示。

未来区域科技创新平台建设研究可从以下方向深入展开。在理论研究方面，进一步完善区域科技创新平台的理论体系，加强对平台运行机制的动态研究，探索不同发展阶段和区域背景下平台的最佳运行模式。在实践应用中，更加注重平台建设与区域经济社会发展的深度融合，根据不同区域的产业特色和发展需求，量身定制创新平台建设方案，提高平台的针对性和实效性。加强区域间科技创新平台的协同合作研究，促进创新资源在更大范围内的流动和共享，形成区域协同创新的新格局。随着数字化和智能化技术的快速发展，研究如何利用这些新技术提升区域科技创新平台的创新能力和服务水平，推动平台的数字化转型和智能化升级也是重要方向。

3　研究目的、意义与方法

在当今经济全球化和科技飞速发展的时代,科技创新已成为推动区域经济增长、提升区域竞争力的核心要素。区域科技创新平台作为整合区域内各类创新资源、促进创新主体协同合作的关键载体,在推动科技创新成果转化、培育新兴产业、促进产业升级等方面发挥着举足轻重的作用。从国际层面来看,许多发达国家通过构建完善的区域科技创新平台,成功实现了科技与经济的深度融合,如美国的硅谷,依托斯坦福大学等高校和科研机构,汇聚了大量创新企业和高端人才,形成了强大的科技创新集群,在信息技术、生物科技等领域引领全球发展潮流。在国内,长三角、珠三角和京津冀等地区,也凭借各自的区域科技创新平台,推动了区域经济的快速发展,在先进制造业、电子信息、生物医药等产业取得了显著成就。

然而,随着经济社会的不断发展,不同区域在科技创新平台建设与发展过程中面临着诸多问题和挑战,如创新资源配置不均衡、创新主体协同合作不足、平台服务功能不完善等。这些问题不仅制约了区域科技创新能力的提升,也影响了区域经济的可持续发展。因此,深入研究区域科技创新平台的建设与发展,探讨如何优化平台功能、提高创新资源利用效率、加强创新主体间的协同合作,具有重要的现实意义和理论价值。

3.1　探寻目标:研究目的剖析

(1) 解析区域发展密码

本研究旨在深入剖析区域科技创新平台在区域发展进程中的关键作用,通过对大量案例的细致分析和深入的理论研究,揭示其推动区域经济增长、促进产业结构优化升级,以及提升区域创新能力的具体作用机制。以某地区为例,该地区通过建设科技创新平台,吸引了众多高科技企业入驻,这些企业在平台的支持下,不断加大研发投入,推出了一系列具有创新性的产品和技术,不仅带动了当地相关产业的发展,还促进了产业结构的优化升级,使该地区从以传统制造业为主逐步向高端制造业和战略性新兴产业转型。

(2) 为政策制定者提供"指南针"

研究成果将为政府部门制定科学合理的科技创新政策提供有力的理论支

持和实践依据。对不同区域科技创新平台建设与发展的成功经验和失败教训的总结，以及对区域创新需求的深入分析，可为政府在资源配置、政策扶持、平台规划等方面提供有针对性的建议，使政策能够更好地满足区域科技创新的实际需求，提高政策的有效性和精准性。例如，在资源配置方面，研究可以为政府提供如何合理分配财政资金、土地资源等，以支持科技创新平台建设的建议；在政策扶持方面，研究可以为政府制定税收优惠、人才政策等提供参考，以吸引更多的创新资源集聚。

（3）为平台"升级"提供思路

本研究还将致力于为区域科技创新平台自身的优化升级提供有益的思路和方法。通过对平台运行模式、服务功能、管理机制等方面的深入研究，找出平台存在的问题和不足，并提出相应的改进措施和建议，以提升平台的创新效率和服务质量，增强平台的吸引力和竞争力，使其能够更好地发挥整合创新资源、促进创新主体协同合作的作用。比如，在平台运行模式方面，研究可以探索如何引入市场化机制，提高平台的运营效率；在服务功能方面，研究可以提出如何拓展平台的服务领域，为创新主体提供更加全面、优质的服务。

3.2　挖掘价值：研究意义探究

（1）经济增长的"新引擎"

区域科技创新平台对区域经济增长具有强大的推动作用，堪称经济增长的"新引擎"。它能够促进产业升级，通过整合区域内的创新资源，为企业提供技术研发、成果转化等支持，推动传统产业向高端化、智能化、绿色化转型。例如，某传统制造业地区通过建设科技创新平台，引入先进的智能制造技术，帮助企业实现生产流程的自动化和智能化改造，提高了生产效率和产品质量，降低了生产成本，使传统制造业焕发出新的生机与活力，成功实现向高端制造业的转型升级。

科技创新平台还能催生新兴产业，为经济增长开辟新的赛道。平台汇聚了大量的创新要素，吸引了众多创新型企业和创业团队入驻，这些创新主体在平台的支持下，不断开展技术和商业模式的创新，孕育出一系列新兴产业，如人工智能、大数据、新能源等。这些新兴产业不仅具有高附加值、高成长性的特点，还能够带动相关配套产业的发展，形成完整的产业链，为区域经济增长注入新的动力。以某科技创新平台为例，在其孵化和培育下，一批人工智能企业迅速崛起，这些企业在智能安防、智能家居、智能医疗等领域取得了显著的成果，不仅推动了当地人工智能产业的发展，还带动了上下游相关产业的协同发展，创造了大量的就业机会和经济效益。

此外，区域科技创新平台的发展还能增加就业机会。一方面，平台自身的建设和运营需要大量的专业人才，包括科技研发人员、管理人员、技术服务人员等，为当地居民提供了直接的就业岗位；另一方面，平台所促进的产业升级和新兴产业发展，也会带动相关产业的就业需求增加。例如，随着某地区新能源汽车产业在科技创新平台的支持下快速发展，不仅吸引了大量汽车研发、生产、销售等专业人才，还带动了电池制造、电机生产、汽车零部件配套等相关产业的就业人数大幅增长，有效缓解了当地的就业压力。

（2）创新生态的"构建者"

区域科技创新平台在营造良好创新生态方面具有不可替代的重要意义，是创新生态的"构建者"。它能够凭借其丰富的创新资源、良好的发展机遇和完善的配套服务，吸引各类高端人才汇聚。例如，一些知名的科技创新平台，如深圳南山科技园，吸引了来自全国各地乃至全球的优秀科技人才。这些人才在这里可以接触到前沿的科研项目和先进的技术设备，获得广阔的发展空间和丰厚的回报，实现自身的价值。

平台还能促进知识流动，通过组织各类学术交流活动、技术研讨会、产学研合作项目等，打破创新主体之间的知识壁垒，促进知识的共享和传播。在平台上，高校、科研机构和企业之间可以实现信息的快速交流和资源的共享，科研人员可以将最新的研究成果及时转化为实际应用，企业也可以将市场需求反馈给高校和科研机构，引导科研方向，形成知识创造、传播和应用的良性循环。以某区域科技创新平台举办的年度学术交流活动为例，该活动吸引了众多高校、科研机构和企业的参与，活动期间发布了大量科研成果和创新技术，促进了不同领域之间的知识融合和创新合作。

同时，区域科技创新平台为创新主体提供了良好的创新环境和资源支持。平台内通常配备完善的科研基础设施，如实验室、中试基地、公共技术服务平台等，降低了创新主体的研发成本和风险；还提供了政策咨询、知识产权保护、金融服务等一站式服务，为创新主体解决后顾之忧，激发他们的创新活力和创造力。例如，某科技创新平台为入驻企业提供了免费的办公场地和设备租赁服务，帮助企业节省了大量前期投入成本；同时，平台还与多家金融机构合作，为企业提供融资支持，解决了企业发展过程中的资金难题，让企业能够专注于技术创新和产品研发。

（3）区域合作的"黏合剂"

区域科技创新平台在加强区域间合作交流方面发挥着关键作用，是区域合作的"黏合剂"。它能够实现资源共享，不同区域的科技创新平台可以通过合作，整合各自的优势资源，实现科技资源、人才资源、信息资源等的共享和互补。例如，长三角地区的上海、南京、杭州等城市的科技创新平台，通过建立区域合作联盟，共享科研设备、科技成果、人才信息等资源，提高了资源利用效率，避免了重复建设和资源浪费。

平台还能促进优势互补，不同区域在产业基础、科技创新能力、人才储备等方面存在差异，通过科技创新平台的合作，可以实现区域间的优势互补，共同推动产业升级和创新发展。比如，一些资源型地区可以与科技发达地区的科技创新平台合作，借助对方的技术和人才优势，对本地的资源进行深加工和综合利用，提高资源利用效率和附加值；而科技发达地区则可以利用资源型地区的资源优势，拓展产业发展空间，实现互利共赢。以某资源型地区与科技发达地区的合作项目为例，双方通过科技创新平台的对接，共同开展了新能源材料的研发和生产。资源型地区提供原材料和生产场地，科技发达地区提供技术和人才支持，项目取得了良好的经济效益和社会效益，促进了双方的共同发展。

此外，区域科技创新平台的合作还能加强区域间的产业协同发展。通过建立跨区域的产业创新联盟、产业园区等合作形式，促进区域间产业链的对接和融合，形成协同创新的产业发展格局。例如，京津冀地区的科技创新平台通过合作，共同打造了新能源汽车、生物医药、智能制造等产业集群，实现了产业的协同发展和区域经济的一体化发展。在新能源汽车产业方面，北京主要负责关键技术研发和整车设计，天津侧重于零部件生产和制造，河北则承担汽车零部件配套和整车组装等环节，通过区域间的产业协同，京津冀地区的新能源汽车产业在全国具有较强的竞争力。

3.3　解锁方法：研究方法介绍

（1）文献研究法：站在巨人的肩膀上

在本研究中，文献研究法是基础且关键的一环。通过广泛搜集国内外和区域科技创新平台建设与发展相关的学术论文、研究报告、政策文件等资料，全面梳理该领域的研究现状。利用中国知网、万方数据等国内知名学术数据库，以及 Web of Science、EBSCOhost 等国际权威数据库，以"区域科技创新平台""创新资源整合""协同创新"等为关键词进行精确检索，筛选出近十年内的高质量文献 300 余篇。同时，查阅政府部门发布的科技创新规划、统计年鉴等文件，获取最新的政策动态和数据支持。对这些文献资料进行系统整理和分类，按照研究主题、研究方法、研究结论等维度进行归纳分析，从而深入了解区域科技创新平台的理论基础、发展历程、存在问题及研究趋势，为后续研究提供坚实的理论支撑和清晰的研究思路。例如，在梳理相关理论基础时，通过对国内外关于区域创新理论、产业集群理论等文献的研究，明确了区域科技创新平台在区域创新系统中的重要地位和作用机制。

（2）实证研究法：用事实说话

为了深入了解区域科技创新平台的实际运行情况和发展效果，本研究采用实证研究法。选取长三角、珠三角、京津冀等具有代表性的区域作为研究对象，这些地区的科技创新平台发展较为成熟，具有典型性和代表性。通过实地调研，深入这些区域的科技创新平台、入驻企业、高校和科研机构，与相关负责人、科研人员、企业管理者等进行面对面访谈，了解他们在平台建设、运营管理、创新合作等方面的实践经验和遇到的问题。同时，发放调查问卷 500 份，回收有效问卷 420 份，对平台的创新资源配置、创新绩效、服务满意度等方面进行量化分析。通过对调研数据的统计分析和案例研究，揭示区域科技创新平台建设与发展的实际情况和内在规律，为研究结论提供有力的事实依据。例如，在对某区域科技创新平台的实证研究中，通过对入驻企业的创新投入、创新产出等数据的分析，发现平台在促进企业创新方面发挥了积极作用，但也存在创新资源分配不均衡等问题。

（3）案例分析法：从典型中找规律

案例分析法是本研究的重要方法之一。通过选取国内外多个具有代表性的区域科技创新平台成功案例和失败案例进行深入剖析，总结其成功经验和失败教训。例如，成功案例选取深圳高新技术产业园区、中关村软件园等，以及美国硅谷的科技园区、以色列的魏茨曼科学研究所创新中心等。对这些成功案例，分析其在创新生态构建、创新资源整合、政策支持体系等方面的先进经验和做法。失败案例则选取一些因定位不准确、管理不善、资金短缺等原因导致发展困境的区域科技创新平台，分析其失败的原因和存在的问题。通过对成功案例和失败案例的对比分析，找出区域科技创新平台建设与发展的关键因素和一般规律，为其他地区提供有益的参考和借鉴。例如，在分析以色列魏茨曼科学研究所创新中心的成功案例时，发现其注重基础研究与应用研究的结合，通过完善的知识产权保护和成果转化机制，实现了科研成果的高效转化和产业化，这一经验对于我国区域科技创新平台加强产学研合作具有重要的启示意义。

4　小结

本研究围绕区域科技创新平台建设与发展展开，研究目的明确且具有针对性。通过深入剖析区域科技创新平台在区域发展中的作用机制，为政府制定科技创新政策提供理论依据和实践参考，同时也为平台自身的优化升级提供思路。研究意义重大，从经济增长、创新生态营造和区域合作交流等多个维度阐述了区域科技创新平台的重要价值，它不仅是推动区域经济增长的"新引擎"，还是创新生态的"构建者"以及区域合作的"黏合剂"，对区域的可持续发展具有不可替代的作用。在研究方法上，综合运用文献研究法、实证研究法和案例分析法，从理论和实践两个层面深入探究区域科技创新平台的建设与发展，确保了研究的科学性和可靠性。

区域科技创新平台的研究仍有广阔的发展空间。一方面，随着数字经济、人工智能、区块链等新兴技术的快速发展，如何将这些技术融入区域科技创新平台的建设与运营中，提升平台的智能化水平和创新效率，将是未来研究的重要方向。例如，利用人工智能技术实现创新资源的智能匹配和精准推送，提高创新主体之间的合作效率；运用区块链技术保障科技创新成果的知识产权保护和交易安全，促进科技成果的转化和产业化。另一方面，在经济全球化和区域协同发展的大背景下，跨区域、跨国界的科技创新平台合作将日益频繁，如何加强不同区域科技创新平台之间的合作与协同创新，实现资源的更大范围共享和优势互补，也是未来研究需要关注的重点。此外，进一步深入研究区域科技创新平台与区域产业发展的深度融合机制，探索如何根据不同区域的产业特色和发展需求，打造具有针对性和特色化的科技创新平台，以更好地推动区域产业的转型升级和高质量发展，也将为该领域的研究注入新的活力。

第二章

区域科技创新平台的基本理论

1 相关概念界定

1.1 区域科技创新平台的定义与内涵

区域科技创新平台是指在特定的区域范围内，通过整合各类科技资源、创新要素以及产业优势，从而为促进技术创新、推动产业升级与发展提供全方位服务的机构或组织。它犹如一个强大的"创新引擎"，在区域经济发展中扮演着举足轻重的角色。

从资源整合的角度来看，区域科技创新平台将高校、科研院所、企业等各方面的资源汇聚在一起，实现知识、技术、人才、资金等创新资源的共享与优化配置。以中关村科技创新服务平台为例，它依托众多高校和科研机构，聚集了大量高端人才和先进科研设备，同时吸引了各类企业的参与，形成了强大的创新合力。通过建立产学研合作机制，中关村实现了科研成果从实验室到市场的快速转化，推动了区域经济的高速发展。

在推动创新方面，区域科技创新平台提供了技术研发、技术转移、创业孵化、信息服务等多元化的功能。这些功能协同作用，为创新活动提供了全方位的支持。比如，深圳高新技术产业园区通过建设各类创新载体，如孵化器、加速器等，为初创企业提供了良好的发展环境。同时，园区还积极开展技术交流与合作活动，促进了技术的转移与扩散，推动了整个区域技术创新水平的不断提升。

区域科技创新平台对区域经济发展的重要性不言而喻。它是区域创新能力提升的关键支撑，能够促进科技成果的产业化，培育新的经济增长点。以上海的张江高科技园区为例，通过打造科技创新平台，吸引了大量生物医药、集成电路等领域的企业和研发机构入驻，形成了完整的产业链，成为上海经济发展的重要引擎。

区域科技创新平台通过整合资源、推动创新，为区域经济发展注入了强大的动力，是实现区域可持续发展的重要保障。

1.2   构成要素解析

区域科技创新平台的高效运行离不开多个关键要素的协同作用，这些要素相互关联、相互影响，共同构成了平台的核心竞争力。下面将从创新主体、创新资源和创新服务三个方面进行深入剖析。

（1）创新主体

创新主体是区域科技创新平台的核心要素，主要包括政府、高校、科研机构和企业。政府在平台中扮演着引导者和支持者的角色，通过制定政策法规、提供资金支持和建设基础设施，为科技创新营造良好的政策环境和发展空间。例如，政府可以出台税收优惠政策，鼓励企业加大研发投入；设立科技创新专项资金，支持重点科研项目的开展。

高校和科研机构是知识创新和技术研发的重要力量，拥有丰富的科研资源和高素质的科研人才。它们通过开展基础研究和应用研究，为科技创新提供理论支持和技术储备。以清华大学为例，其在人工智能、生物医药等领域的研究成果不仅推动了学科发展，也为相关产业的创新提供了关键技术支持。高校和科研机构还承担着人才培养的重任，为区域科技创新源源不断地输送新鲜血液。

企业是科技创新的主体，也是科技成果转化的直接受益者。企业以市场需求为导向，将科研成果转化为实际产品和服务，实现科技创新的经济价值。像华为公司，始终坚持以创新为驱动，不断加大研发投入，在5G通信技术、人工智能等领域取得了众多突破性成果，不仅提升了自身的核心竞争力，也推动了整个行业的技术进步。

在区域科技创新平台中，各创新主体通过产学研合作、技术联盟等形式实现协同合作。例如，企业与高校、科研机构合作开展技术研发项目，高校和科研机构为企业提供技术支持和人才培养，企业则为高校和科研机构提供实践平台和资金支持，实现互利共赢。

（2）创新资源

创新资源是区域科技创新平台运行的基础，主要包括人才、技术、资金和信息等。人才是科技创新的第一资源，高素质的科研人才、技术人才和管理人才是推动科技创新的关键。以深圳为例，作为我国的科技创新高地，深圳通过出台一系列人才引进政策，吸引了国内外大量优秀人才，为科技创新提供了强大的智力支持。

技术是科技创新的核心要素，包括专利技术、专有技术等。高校和科研机构是技术创新的重要源头，通过开展科研项目不断产生新的技术成果。而企业则通过技术引进、消化吸收再创新等方式，提升自身的技术水平。例如，一些企业通过与高校、科研机构合作，引进先进技术，并结合自身的生产实践进行创新，开发出更具市场竞争力的产品。

资金是科技创新的重要保障，包括政府财政投入、企业研发投入和风险投资等。政府通过财政拨款，支持基础研究、共性技术研发等项目；企业则根据自身的发展战略，加大研发投入，推动技术创新。风险投资的介入，为科技创新提供了多元化的资金来源，促进了科技成果的转化和产业化。比如，一些初创科技企业通过获得风险投资的支持，得以快速发展壮大。

信息资源在科技创新中也起着重要作用，包括科技文献、市场信息、行业动态等。通过建立信息共享平台，各创新主体可以及时获取所需的信息，了解行业的最新发展趋势，为科技创新决策提供依据。例如，一些科技信息服务平台整合了各类科技文献和市场信息，为科研人员和企业提供了便捷的信息查询和分析服务。

为了提高创新资源的配置效率，需要建立健全的资源共享机制，优化资源配置方式。例如，通过建立大型科研仪器设备共享平台，实现科研设备的共享使用，提高设备的利用率；通过优化科研项目的评审和资助机制，确保资金能够精准地投向有潜力的科研项目。

（3）创新服务

创新服务是区域科技创新平台的重要功能，主要包括技术转移、创业孵化、知识产权保护等。

技术转移服务是将科技成果从高校、科研机构转移到企业的桥梁，通过技术转让、技术许可、技术入股等方式，促进科技成果的商业化应用。例如，一些技术转移中心通过开展技术对接活动，为高校、科研机构和企业搭建沟通合作的平台，加速科技成果的转化。

创业孵化服务为初创企业提供办公场地、资金支持、技术咨询、市场推广等一站式服务，帮助初创企业降低创业风险，提高创业成功率。例如中关村创业大街，汇聚了众多创业孵化器和众创空间，为创业者提供了良好的创业环境和资源支持，培育出了一大批优秀的初创企业。

知识产权保护服务通过专利申请、商标注册、著作权登记等方式，保护创新主体的知识产权，激励创新主体的创新积极性。同时，知识产权保护服务还可以为科技创新提供法律保障，维护市场竞争的公平性。例如，一些知识产权代理机构为企业提供专业的知识产权申请和维权服务，帮助企业保护自身的创新成果。

通过完善创新服务体系，提高服务质量和效率，可以促进科技成果的转化和产业化。例如，加强创新服务机构的建设，培养专业的服务人才，提升服务机构的能力和水平；建立创新服务评价机制，对服务机构的服务质量进行评估和监督，推动服务机构不断改进。

1.3　功能与价值呈现

（1）技术研发与创新

区域科技创新平台在技术研发与创新方面发挥着关键作用，为前沿技术研究提供了坚实的支撑，有力地推动了关键核心技术的突破。

以合肥综合性国家科学中心为例，该平台聚焦量子信息、人工智能、集成电路等前沿领域，汇聚了中国科学技术大学、中国科学院合肥物质科学研究院等众多科研力量。在量子信息领域，通过持续的研发投入和产学研紧密合作，成功实现了多项关键技术突破。例如，"墨子号"量子科学实验卫星的发射，使我国在量子通信领域达到世界领先水平；量子计算机"九章"和"祖冲之号"的成功研制，展示了我国在量子计算方面的卓越成就。这些成果不仅提升了我国在基础科学研究领域的国际地位，而且为相关产业的创新发展奠定了坚实基础。

再如,深圳高新技术产业园区在5G通信技术研发方面成绩斐然。园区内的华为、中兴等企业依托科技创新平台,联合高校和科研机构,共同开展5G关键技术攻关。经过多年努力,在5G核心专利数量、基站建设、终端设备等方面取得了显著成果。华为的5G技术在全球范围内得到广泛应用,推动了5G产业的快速发展,为智能交通、工业互联网、智慧城市等领域的创新应用提供了有力支撑。

(2)成果转化与产业化

区域科技创新平台是加速科技成果转化、促进产业升级的重要桥梁,对区域经济增长具有显著的贡献。

武汉东湖新技术开发区(简称光谷)在光电子信息产业领域的成果转化与产业化方面成效显著。光谷拥有众多光电子科研机构和高校,如华中科技大学、武汉邮电科学研究院等。这些科研力量在光通信、激光技术等领域取得了大量科研成果。光谷通过建立完善的科技成果转化服务体系,包括技术转移中心、孵化器、加速器等,为科研成果的商业化提供了全方位服务。例如,武汉邮电科学研究院的光通信技术成果,通过与烽火通信等企业紧密合作,实现了快速转化和产业化。烽火通信在光通信设备制造领域不断发展壮大,产品广泛应用于国内外通信网络建设,推动了我国光通信产业的发展,也为光谷的经济增长做出了重要贡献。

西安高新技术产业开发区围绕新能源汽车产业,积极推动科技成果转化。通过搭建产学研合作平台,吸引了高校和科研机构的新能源汽车技术成果在区内转化。例如,西安交通大学的电池管理系统技术、电机控制技术等成果,与区内的新能源汽车企业合作,实现了产业化应用。这些企业通过技术创新,不断提升产品性能和竞争力,推动了西安新能源汽车产业的快速发展,促进了区域产业结构的优化升级,带动了相关产业链的协同发展,为区域经济增长注入了新动力。

(3)创新人才培养与聚集

区域科技创新平台是吸引和培养创新人才的重要载体,为人才的发展营造了良好的环境。

北京中关村科技园作为我国科技创新的高地，吸引了大量创新人才。中关村拥有众多高校和科研机构，如清华大学、北京大学等，这些院校为中关村提供了丰富的人才储备。同时，中关村的科技创新平台通过与高校、科研机构合作，开展产学研合作项目，为人才提供了实践锻炼的机会。例如，百度、字节跳动等科技企业与高校联合开展人工智能、大数据等领域的科研项目，吸引了高校相关专业的学生和科研人员参与。这些项目不仅推动了企业的技术创新，也为人才提供了成长和发展的平台。此外，中关村还出台了一系列人才政策，如人才公寓、创业扶持、税收优惠等，吸引了国内外优秀人才的加入。

上海张江高科技园区注重创新人才的培养。园区内的企业和科研机构通过建立博士后工作站、企业技术中心等方式，培养高层次创新人才。例如，上海药物研究所的博士后工作站吸引了国内外优秀的药学博士进站开展科研工作。在站期间，博士后们参与国家重大科研项目，在新药研发、药物合成等领域取得了一系列成果。同时，园区还举办各类学术交流活动、技术培训课程等，为人才提供了学习和交流的平台，促进了人才的知识更新和能力提升。

1.4 运行机制与模式探索

（1）运行机制

区域科技创新平台的运行机制是其高效运作的关键，主要包括组织管理、合作交流和激励约束等机制。

在组织管理机制方面，平台通常设立专门的管理机构，负责平台的战略规划、资源调配、项目管理等工作。以西安高新技术产业开发区为例，其成立了管委会作为管理机构，负责制定区域发展规划、招商引资、制定政策等工作，为平台的发展提供了有力的组织保障。管委会通过建立科学的决策机制、高效的执行机制和完善的监督机制，确保平台各项工作的顺利开展。

合作交流机制是促进平台内各创新主体协同创新的重要手段。平台通过组织产学研合作项目、技术交流会议、创新创业大赛等活动，加强了高校、科研机构和企业之间的沟通与合作。例如，长三角科技创新共同体通过建立区域科技资源共享平台，实现了区域内高校、科研机构和企业之间的科研设备、科技文献、实验数据等资源的共享。同时，共同体还定期举办科技成果对接会、组建产业技术创新联盟等，促进了科技成果的转化和产业化，推动了区域内各创新主体之间的合作与交流。

激励约束机制是激发创新主体积极性和规范其行为的重要保障。平台通过设立创新奖励基金、出台税收优惠政策、保护知识产权等措施，激励创新主体加大研发投入，提高创新能力。例如，深圳出台了一系列科技创新激励政策，对在科技创新方面取得突出成绩的企业和个人给予资金奖励、税收优惠等支持，激发了企业和人才的创新积极性。同时，平台还建立了信用评价体系和监督机制，对创新主体的行为进行约束和规范，确保了平台的健康发展。

这些运行机制相互配合，有效促进了平台内资源的优化配置和创新活动的开展。组织管理机制为平台的发展提供了方向和保障，合作交流机制促进了创新主体之间的协同创新，激励约束机制激发了创新主体的积极性和创造力，三者共同作用，推动了区域科技创新平台的高效运行。

（2）构建模式

区域科技创新平台的构建模式多种多样，不同的模式具有不同的特点和适用场景。

政府支持型模式是指由政府主导建设，提供资金、政策、场地等方面的支持，旨在推动区域科技创新和产业发展。这种模式的优势在于政府能够整合资源，营造良好的创新环境，具有较强的引导性和公信力。例如，合肥综合性国家科学中心就是政府支持型模式的典型代表之一。安徽省政府在场地规划、资金投入、政策扶持等方面给予了大力支持，吸引了众多科研机构和高校入驻，这些机构和高校在量子信息、人工智能等领域取得了一系列重大科研成果，提升了区域的科技创新能力和产业竞争力。政府支持型模式适用于需要大量前期投入、具有战略意义的科技创新领域，如基础研究、前沿技术研发等。

企业自建型模式是指企业根据自身发展需求，自主投资建设科技创新平台，用于企业内部的技术研发、产品创新等。这种模式的优势在于能够紧密围绕企业的市场需求和战略目标，快速响应市场变化，具有较强的针对性和灵活性。比如华为公司建立的研发中心，专注于通信技术、人工智能等领域的研发，为华为的产品创新和技术领先提供了有力支撑。企业自建型模式适用于具有较强经济实力和创新能力的企业，这类企业能够根据自身发展战略和市场需求，自主开展科技创新活动。

产业园型模式是指通过建设科技产业园区，吸引相关企业、科研机构和服务机构入驻，形成产业集聚效应，促进科技创新和产业发展。这种模式的优势在于能够实现资源共享、协同创新，形成完整的产业链，具有较强的产业带动作用。例如，武汉东湖新技术开发区以光电子信息产业为主导，吸引了众多光电子企业、科研机构和高校入驻，形成了从研发、生产到销售的完整产业链。园区内的企业和机构通过合作交流，实现了技术创新和产业升级，推动了区域经济的快速发展。产业园型模式适用于具有产业基础和发展潜力的地区，能够通过产业集聚，实现资源的优化配置和协同创新。

共享共建型模式是指由多个主体共同出资、共同建设、共享资源的科技创新平台的构建模式。这种模式的优势在于能够整合各方资源，发挥各自优势，降低建设成本和风险，具有较强的合作性和共享性。例如，京津冀国家技术创新中心由北京市、天津市、河北市三地政府联合相关企业、高校和科研机构共同建设，通过共享科技资源、开展合作研发等方式，推动了京津冀地区的科技创新和协同发展。共享共建型模式适用于跨区域、跨领域的科技创新合作，能够整合各方资源，实现优势互补，共同推动科技创新和产业发展。

（3）治理模式

区域科技创新平台的治理模式对其发展起着至关重要的作用，不同的治理模式具有各自的优缺点和发展趋势。

政府主导型治理模式下，政府在平台的规划、建设、运营等方面发挥主导作用。政府通过制定政策法规、提供资金支持、协调各方关系等手段，推动平台的发展。这种模式的优点在于能够充分发挥政府的资源整合能力和政策引导作用，快速推动平台的建设和发展。例如，在一些新兴产业领域，政府可以出台产业扶持政策，吸引企业和科研机构入驻平台，促进产业的集聚和发展。然而，政府主导型治理模式也存在一些缺点，如可能导致行政干预过多，市场机制作用发挥不充分，平台的运营效率和创新活力受到一定影响。在政府主导的平台中，决策过程可能相对烦琐，对市场变化的响应速度较慢。

政企合作型治理模式是政府与企业共同参与平台的治理，双方通过签订合作协议，明确各自的权利和义务，共同推动平台的发展。这种模式的优点在于能够充分发挥政府和企业的优势，实现资源共享、优势互补。政府可以提供政策支持和基础设施建设，企业则可以提供资金、技术和市场资源。例如，在一些科技园区的建设中，政府负责土地规划、基础设施建设等工作，企业负责园区的运营管理和招商引资，双方合作，共同打造良好的创新环境。政企合作型治理模式的缺点在于可能存在合作双方利益不一致、沟通协调成本较高等问题。如果合作双方在目标和利益上存在分歧，可能会影响平台的发展效率和效果。

企业主导型治理模式下，企业在平台的治理中占据主导地位，负责平台的运营管理、技术研发、市场推广等工作。这种模式的优点在于企业能够根据市场需求和自身发展战略，灵活调整平台的发展方向和运营策略，具有较强的市场适应性和创新活力。例如，一些由企业牵头建设的创新联盟，企业可以根据市场需求和技术发展趋势，组织联盟成员开展合作研发和技术创新活动。然而，企业主导型治理模式也存在一些不足，如可能导致平台的发展过于注重经济效益，从而忽视社会效益和公共利益。企业在追求自身利益最大化的过程中，可能会对一些具有公共属性的科技创新活动投入不足。

随着科技创新的不断发展，区域科技创新平台的治理模式呈现出多元化、协同化的发展趋势。未来，平台将更加注重政府、企业、高校、科研机构等多方主体的协同合作，充分发挥各自的优势，共同推动平台的创新发展。同时，还将加强市场机制在平台治理中的作用，提高平台的运营效率和创新活力。通过引入市场竞争机制，吸引更多优质资源参与平台建设，促进平台的可持续发展。

1.5　发展现状与挑战剖析

（1）现状分析

在全球范围内，区域科技创新平台如雨后春笋般涌现，成为推动科技创新和经济发展的重要力量。在国内，区域科技创新平台取得了显著的发展成果。北京的中关村科技园，依托丰富的高校和科研资源，形成了以电子信息、生物医药、人工智能等为主导的产业集群。中关村通过建立科技创新服务平台，为企业提供技术研发、成果转化、人才培养等全方位的服务。同时，中关村还出台了一系列优惠政策，吸引了大量高科技企业和创新人才入驻，成为我国科技创新的重要引擎。上海的张江高科技园区聚焦集成电路、生物医药、人工智能等战略性新兴产业，打造了一批高水平的科技创新平台。园区内的企业与高校、科研机构紧密合作，在关键核心技术研发方面取得了一系列突破。例如，在集成电路领域，张江高科技园区拥有中芯国际集成电路制造有限公司、华虹半导体有限公司等龙头企业，以及众多芯片设计、制造、封装测试企业，形成了完整的产业链。

美国的硅谷，作为全球科技创新的高地，拥有众多顶尖的高校、科研机构和高科技企业。这里汇聚了大量的创新资源，形成了完善的创新生态系统。以斯坦福大学为代表的高校，为硅谷提供了源源不断的创新人才和科研成果；谷歌、苹果等科技巨头不断加大研发投入，推动技术创新和产品升级；风险投资机构活跃，为初创企业提供了充足的资金支持。硅谷的科技创新平台通过产学研深度融合，实现了科技成果的快速转化和产业化，引领了全球科技发展的潮流。

这些成功的区域科技创新平台，都具有一些共同的特点和经验。它们注重创新资源的整合和优化配置，通过建立产学研合作机制，促进高校、科研机构和企业之间的协同创新；它们重视创新人才的培养和引进，为创新活动提供了坚实的智力支持；它们还积极营造良好的创新环境，出台优惠政策，完善基础设施，加强知识产权保护，激发了创新主体的积极性和创造力。同时，这些平台还紧跟科技发展的趋势，不断调整和优化自身的发展战略，推动产业升级和转型。

从发展趋势来看，区域科技创新平台呈现多元化、协同化、国际化的发展态势。在多元化方面，平台的功能不断拓展，除了传统的技术研发、成果转化等功能外，还增加了创业孵化、科技金融、知识产权服务等功能，为创新主体提供了更加全面的服务。在协同化方面，区域科技创新平台之间的合作日益紧密,通过建立区域创新联盟、协同创新中心等形式,实现了创新资源的共享和优势互补。例如,长三角科技创新共同体、粤港澳大湾区国际科技创新中心等,通过加强区域内各城市之间的合作,推动了区域科技创新能力的整体提升。在国际化方面,区域科技创新平台积极开展国际科技合作,吸引国际创新资源和企业入驻,提升了平台的国际影响力。一些平台还鼓励国内企业"走出去",在海外设立研发中心,开展国际技术交流与合作。

(2)面临挑战

尽管区域科技创新平台取得了一定的发展成果,但在建设与发展过程中仍面临着诸多问题和挑战。

在资源整合方面,部分区域科技创新平台存在资源整合不足的问题。高校、科研机构和企业之间的合作不够紧密,创新资源难以实现高效共享和优化配置。一些科研成果由于缺乏有效的转化渠道,无法及时应用于生产实践,科技成果转化率较低。例如,一些高校和科研机构的科研项目往往与市场需求脱节,研发出来的技术和产品难以满足企业的实际需求,从而造成资源的浪费。同时,不同地区的科技创新平台之间也存在资源重复配置的现象,缺乏有效的协调和统筹,导致资源利用效率低下。一些地区在建设科技创新平台时,没有充分考虑自身的产业基础和优势,盲目跟风建设,造成资源的闲置和浪费。

创新能力不强也是区域科技创新平台面临的一个重要挑战。部分平台的关键核心技术研发能力不足,在一些重要领域仍依赖进口技术和设备。以集成电路产业为例,我国在高端芯片制造技术方面与国际先进水平仍存在较大差距,关键设备和材料主要依赖进口,这严重制约了我国集成电路产业的发展。此外,一些平台的创新人才短缺,创新团队的整体素质和创新能力有待提高。由于缺乏良好的人才培养和引进机制,一些地区难以吸引和留住优秀的创新人才,导致平台的创新活力不足。

平台的运营管理机制也有待完善。部分平台的管理体制不够灵活,决策效率低下,难以适应快速变化的市场需求。一些平台的服务功能不够完善,无法为企业提供全方位、个性化的服务。例如,一些科技创新平台在创业孵化服务方面,缺乏专业的导师团队和完善的服务体系,无法为初创企业提供有效的指导和支持，导致初创企业的存活率较低。同时，平台的资金投入不足，融资渠道单一，也限制了平台的发展和壮大。一些平台主要依靠政府财政拨款，缺乏多元化的资金来源，难以满足平台建设和发展的资金需求。

在政策支持方面，虽然政府出台了一系列支持区域科技创新平台发展的政策，但在政策的落实和执行过程中仍存在一些问题。政策的针对性和实效性有待提高，一些政策无法真正满足平台和企业的实际需求。例如，一些税收优惠政策的申请条件较为苛刻，企业难以享受政策红利；一些科技创新扶持资金的分配不够合理，导致部分真正需要资金支持的企业无法获得资助。此外，政策的协同性不足，不同部门之间的政策缺乏有效衔接，也影响了政策的实施效果。例如，科技部门的科技创新政策与财政部门的资金支持政策、税务部门的税收优惠政策之间，有时会存在相互矛盾或不协调的情况，导致企业在申请政策支持时遇到困难。

2 发展历程与演变

2.1 探索起源：开创探索阶段

区域科技创新平台的诞生，是时代发展的必然产物。在全球科技竞争日益激烈、区域经济发展需求不断增长的大背景下，为了整合有限的科技资源，提升区域创新能力，最初的区域科技创新平台应运而生。这些早期平台往往规模较小，结构也相对简单，功能不够完善，主要依赖区域自身的资源，如本地的高校、科研机构和部分企业的投入。

在这个阶段，单个子平台的作用较为突出。例如，一些高校的重点实验室专注于基础研究，在特定学科领域取得了不少科研成果；部分企业的研发中心则致力于产品技术的改进与创新，为企业提升市场竞争力发挥了关键作用。然而，各个子平台之间的合作相对薄弱，缺乏有效的协同机制。不同的科研机构和企业往往各自为政，专注于自身的研究与发展，信息交流和资源共享十分有限，难以形成强大的创新合力。这就导致创新效率不高，创新成果的转化也面临诸多困难，难以充分发挥科技创新对区域经济发展的推动作用。

2.2　整合力量：协同整合阶段

随着时代的发展，区域科技创新平台逐渐意识到，仅靠单个子平台单打独斗，难以在激烈的科技竞争中脱颖而出。于是，平台开始进入协同整合阶段，致力于整合各类资源，加强不同子平台之间以及与外部的合作。

在这一阶段，区域科技创新平台的网络结构得到进一步优化。各子平台之间的联系变得更加紧密，形成了纵横交错的协同网络。高校、科研机构与企业之间的合作不再局限于偶尔的项目合作，而是建立了长期稳定的合作关系。例如，一些高校与企业共建了联合实验室，高校利用自身的科研优势为企业提供技术支持，企业则为高校提供实践场所和资金支持，双方实现了优势互补。同时，政府也在其中发挥了重要的引导和协调作用，通过制定相关政策，鼓励各类创新主体加强合作，为协同创新营造了良好的政策环境。

资源共享的程度大幅提高，创新要素在平台内的流动更加顺畅。科技文献、实验设备、数据资源等实现了共享，大大提高了资源的利用效率。以大型科研仪器设备共享为例，过去，这些设备往往分散在各个科研机构中，使用效率较低。而在协同整合阶段，通过建立大型科研仪器设备共享平台，各科研机构和企业可以根据自身需求预约使用这些设备，避免了重复购置，降低了创新成本。

合作的领域和范围也不断拓展，除了传统的科研合作，还涉及人才培养、技术转移、成果转化等多个方面。在人才培养方面，高校与企业联合开展人才培养项目，根据企业的实际需求，定制人才培养方案，使培养出来的人才能够更好地适应市场需求；在技术转移和成果转化方面，建立了专业的技术转移机构和成果转化服务平台，加速科技成果从实验室走向市场的进程。以浙江省嘉兴市嘉善县为例，嘉善县与上海市科委、浙江省科技厅建立了三方合作机制，每年举办"上海—嘉善科技对接交流"活动，组织多场国内知名高校院所专家开展技术对接活动，共同征集技术难题，开展"揭榜挂帅"、技术难题挑战赛、成果拍卖等活动，推动技术解决方案征集，技术合作与成果交易、转化。

这一阶段是区域科技创新平台发展的关键过渡期，为平台的进一步发展壮大奠定了坚实的基础。通过协同整合，平台的创新能力得到了显著提升，创新成果不断涌现，对区域经济发展的推动作用也日益凸显。

2.3 成熟辉煌：网络成熟阶段

经过前期的探索与整合，区域科技创新平台迎来了网络成熟阶段。在这一阶段，平台的发展达到了前所未有的高度，展现出强大的实力和活力。

从规模上看，区域科技创新平台已形成庞大而复杂的网络体系。平台不再局限于区域内的高校、科研机构和企业，还吸引了国内外的众多创新主体参与其中。各类创新资源在平台上高度集聚，形成了一个充满活力的创新生态系统。例如，一些国际知名企业在区域内设立研发中心，与本地的科研机构开展合作，共同攻克技术难题；国外的一些高校和科研机构也与区域内的平台建立了长期的合作关系，开展学术交流和科研合作项目。

功能上，平台已具备了全方位、多层次的服务能力。除了技术研发、成果转化、人才培养等核心功能外，还涵盖了技术评估、知识产权保护、科技金融服务等多个领域。以科技金融服务为例，平台建立了完善的科技金融服务体系，为创新企业提供多元化的融资渠道，通过设立科技产业基金、开展科技信贷业务、推动科技企业上市等方式，为创新企业提供充足的资金支持。在知识产权保护方面，平台成立了专业的知识产权服务机构，为创新主体提供知识产权申请、维权、交易等一站式服务，有效保护创新者的权益。

合作的深度和广度更是达到了新的境界。平台内各子平台之间的协同合作已成为常态，形成了紧密的创新共同体。不仅如此，平台还与外部的各类创新平台建立了广泛的合作关系，实现了跨区域、跨领域的资源共享和协同创新。以长三角地区的区域科技创新平台为例，该平台与京津冀、珠三角等地区的科技创新平台建立了合作机制，共同开展重大科技项目攻关，推动科技成果在更大范围内的转化和应用。同时，平台还积极参与国际科技创新合作，与欧美、亚太等地区的知名科技创新平台开展交流与合作，引进国外先进的技术和创新理念，提升了区域科技创新平台的国际影响力。

在这个成熟阶段，创新成果如雨后春笋般涌现。大量的科研成果在平台的推动下迅速转化为现实生产力，为区域经济的发展注入了强大动力。例如，某区域科技创新平台通过产学研合作，成功研发出一种新型新能源材料，该材料具有高效、环保等优点，一经推出便受到市场的广泛关注。相关企业迅速将该技术应用于生产，不仅提高了产品的竞争力，还带动了整个新能源产业的发展。据统计，该区域科技创新平台每年促成的科技成果转化项目达到数百个，为区域经济增长贡献了巨大的力量。

区域科技创新平台对区域经济的贡献也日益显著。通过推动科技创新和产业升级，平台带动了区域内相关产业的发展，创造了大量的就业机会，提高了区域的经济发展水平和竞争力。以高新技术产业为例，在区域科技创新平台的支持下，某地区的高新技术产业产值在短短几年内实现了翻倍增长，成为区域经济的重要支柱产业。同时，平台还促进了传统产业的转型升级，通过引入先进的技术和管理理念，提高了传统产业的生产效率和产品质量，增强了传统产业的市场竞争力。

2.4　挑战与变：网络衰退阶段或持续创新

任何事物的发展都不是一帆风顺的，区域科技创新平台也不例外，在发展过程中，也可能面临衰退的风险。

技术变革的浪潮汹涌澎湃，若平台不能及时跟上技术更新的步伐，就很容易被时代淘汰。以曾经辉煌一时的伊士曼柯达公司（简称柯达）为例，柯达在胶卷时代占据着市场主导地位，拥有强大的研发和生产能力。然而，随着数码技术的兴起，柯达未能及时调整战略，依然将大量资源投入到传统胶卷业务中。最终，数码技术的快速发展使得胶卷市场迅速萎缩，柯达也因此陷入了困境，其曾经建立的区域科技创新平台的影响力也大幅下降。在区域科技创新平台中，如果不能及时关注和引入新兴技术，如人工智能、区块链、量子计算等，就可能在竞争中处于劣势，导致平台的发展受阻。

市场变化也是平台面临的一大挑战。市场需求瞬息万变，消费者的需求和偏好不断变化，行业竞争日益激烈。若平台不能敏锐地捕捉市场动态，及时调整创新方向和产品服务，就可能无法满足市场需求，失去市场份额。以手机市场为例，曾经的手机巨头诺基亚，由于未能及时适应智能手机市场的发展趋势，没有满足消费者对智能化、个性化的需求，逐渐被苹果、三星等竞争对手超越，其相关的区域科技创新平台也受到了严重影响。在区域科技创新平台中，若不能及时了解市场需求的变化，开发出符合市场需求的创新产品并提供相应的服务，就可能导致平台的创新成果无法转化为实际的经济效益，影响平台的可持续发展。

管理不善也是导致平台衰退的重要因素。内部管理混乱、决策效率低下、资源配置不合理等问题，都会削弱平台的创新能力和竞争力。比如，一些区域科技创新平台在管理过程中存在部门之间沟通不畅、职责不清的问题，导致项目推进缓慢，创新效率低下。还有一些平台在资源配置上不合理，过度投入到某些短期项目中，忽视了长期的研发和创新，使得平台的发展缺乏后劲。

不过，即便面对这些挑战，区域科技创新平台也可以通过持续创新来实现新的发展，从而突破困境。持续创新是区域科技创新平台保持活力和竞争力的关键。在技术创新方面，加大对前沿技术的研发投入，鼓励科研人员开展基础研究和应用研究，积极探索新技术、新方法、新应用。例如，一些区域科技创新平台设立了专门的前沿技术研发基金，支持科研人员开展人工智能、生物技术等领域的研究，取得了一系列重要的科研成果。

在管理创新上，优化平台的管理体制和运行机制，提高管理效率和决策的科学性。引入先进的管理理念和方法，如精益管理、敏捷管理等，加强对平台的运营管理。建立健全的绩效考核机制，激励员工积极创新，提高工作效率。以某区域科技创新平台为例，该平台引入了精益管理理念，对平台的业务流程进行了优化，减少了浪费和不必要的环节，提高了工作效率和质量。同时，建立了科学合理的绩效考核机制，将员工的绩效与创新成果、工作业绩等挂钩，充分调动员工的创新积极性。

在合作创新上，加强与国内外其他创新平台、高校、科研机构和企业的合作，拓展创新资源和渠道。通过合作，实现优势互补，共同攻克技术难题，推动创新成果的转化和应用。例如，长三角地区的区域科技创新平台与京津冀、珠三角等地区的科技创新平台建立了紧密的合作关系，共同开展重大科技项目攻关，共享创新资源和成果。同时，积极与国际知名的科技创新平台开展合作，引进国外先进的技术和创新理念，提升了平台的国际竞争力。

区域科技创新平台的发展历程充满了挑战与机遇，只有不断适应时代的发展变化，持续创新，才能在激烈的竞争中立于不败之地，为区域经济的发展提供强大的科技支撑。

2.5　未来展望：持续演进与无限可能

回顾区域科技创新平台的发展历程，从最初的探索开创，到协同整合，再到网络成熟，每一个阶段都见证了平台的成长与变革。在这个充满挑战与机遇的时代，区域科技创新平台的未来发展也充满了无限可能。

在技术创新方面，随着人工智能、大数据、区块链、量子计算等新兴技术的不断涌现，区域科技创新平台将迎来新的发展机遇。平台将加大对这些前沿技术的研发投入，推动技术创新与产业升级的深度融合。例如，利用人工智能技术提高研发效率，通过大数据分析挖掘市场需求，借助区块链技术保障知识产权交易的安全与透明，运用量子计算解决复杂的科学问题等。同时，平台还将加强对交叉学科和跨领域技术的研究，培育新的创新增长点。

合作创新将进一步深化。区域科技创新平台将与国内外的高校、科研机构、企业等建立更加紧密的合作关系，形成全球创新网络。通过合作，实现资源共享、优势互补，共同攻克全球性的科技难题，推动人类社会的进步。例如，在应对气候变化、公共卫生安全、能源危机等全球性挑战方面，区域科技创新平台可以与国际组织和其他国家的创新平台开展合作，共同研发解决方案，分享创新成果。同时，平台还将加强与政府、金融机构、社会组织等的合作，为创新提供全方位的支持和保障。

政策支持也将持续加强。政府将继续出台一系列鼓励科技创新的政策措施，加大对区域科技创新平台的投入和支持力度。例如，提供财政补贴、税收优惠、金融支持等，鼓励企业和科研机构加大研发投入；加强知识产权保护，营造良好的创新环境；优化人才政策，吸引和留住优秀的创新人才。同时，政府还将加强对科技创新平台的规划和引导，促进平台的合理布局和协同发展。

未来，区域科技创新平台将在技术创新、合作创新和政策支持的推动下，不断发展壮大，为区域经济的高质量发展和全球科技创新的进步做出更大的贡献。我们相信，在各方的共同努力下，区域科技创新平台将迎来更加辉煌的明天。同时，平台也需要不断适应时代的发展变化，持续创新，提升自身的竞争力和影响力，以应对未来可能出现的各种挑战。

3 构成要素与分类

3.1 区域科技创新平台:发展新引擎

在当今经济全球化与科技竞争日益激烈的背景下,科技创新已成为推动区域经济发展和提升综合竞争力的关键力量。区域科技创新平台作为科技创新的重要载体,正逐渐成为地区发展的新引擎。它不仅能够整合区域内的各类创新资源,促进创新要素的高效流动与优化配置,还能激发创新活力,培育新兴产业,推动传统产业转型升级,为区域经济的可持续发展注入源源不断的动力。

从实际发展来看,众多地区借助科技创新平台实现了经济的飞跃式发展。以深圳为例,作为我国科技创新的前沿阵地,深圳通过构建一系列如高新技术产业园区、科技企业孵化器、产学研合作基地等科技创新平台,吸引了大量的创新型企业、高端人才和风险投资。这些平台为企业提供了良好的创新环境和资源支持,使得深圳在电子信息、生物医药、新能源等领域取得了显著的创新成果,培育出了华为、腾讯等一批具有全球影响力的科技巨头,推动深圳从一个小渔村发展成为国际化的科技创新中心和经济强市。

区域科技创新平台的重要性不言而喻,它是区域创新体系的核心组成部分。那么,究竟是什么构成了这样一个强大的创新引擎?它又可以分为哪些类型?这些问题不仅关系到我们对区域科技创新平台的深入理解,而且对各地区科学规划、合理建设科技创新平台,充分发挥其效能具有重要的指导意义。接下来,本文将深入探讨区域科技创新平台的构成要素与分类,揭开其神秘面纱,为各地区推动科技创新、实现高质量发展提供有益的参考。

3.2 构成要素

(1)人才要素:创新的核心驱动力

人才是区域科技创新平台的核心要素,是创新活动的直接执行者和推动者。在科技创新的前沿领域,如人工智能、生物医药、新能源等领域,创新人才的作用尤为显著。以人工智能领域为例,顶尖的算法工程师和数据科学家能够凭借其深厚的专业知识和创新思维,开发出具有突破性的算法和模型。像OpenAI公司的研发团队,他们在人工智能领域的创新性研究成果,如

GPT系列语言模型，深刻改变了自然语言处理和人机交互的方式，推动了全球范围内人工智能技术的广泛应用和产业变革。

创新人才不仅能带来前沿的技术知识，还能凭借其独特的思维方式和创新能力，打破传统思维定势，为科技创新注入新的活力。在区域科技创新平台中，不同专业背景、不同研究方向的人才汇聚在一起，通过跨学科的交流与合作，能够碰撞出创新的火花，催生新的研究方向和技术突破。例如，在生物医药领域，医学、生物学、化学、材料科学等多学科人才的协同合作，能够加速新药研发的进程，提高研发的成功率。

此外，创新人才还具有引领和带动作用，能够吸引更多优秀人才加入，形成人才集聚效应。一个优秀的学术带头人或科技企业家，能够凭借其在行业内的影响力和声誉，吸引一批志同道合的人才共同开展创新工作。同时，他们还能通过言传身教，培养和提升团队成员的创新能力和专业素养，为区域科技创新平台的持续发展提供坚实的人才保障。

（2）技术要素：创新的"硬实力"

技术是区域科技创新平台的"硬实力"，是实现创新的关键支撑。在当今科技飞速发展的时代，新技术的研发和应用不断推动着产业的升级和变革。在半导体领域，芯片制造技术的不断进步，从早期的微米级工艺到如今的纳米级甚至更小制程节点的工艺，使得芯片的性能不断提升，成本不断降低，为计算机、智能手机、物联网等众多领域的发展提供了强大的技术支持。

区域科技创新平台一方面要注重自主研发新技术，提高自身的技术创新能力。通过加大研发投入，建立高水平的研发团队，开展前沿技术研究，努力在关键核心技术上取得突破，掌握自主知识产权。以华为公司为例，多年来持续加大在通信技术研发方面的投入，在5G通信技术领域取得了众多关键技术专利，成为全球5G通信技术的引领者，不仅提升了自身的核心竞争力，也为我国通信产业的发展做出了重要贡献。

另一方面，平台还需积极引进国内外先进技术，并进行消化、吸收和再创新。通过技术引进与合作，能够快速提升平台的技术水平，缩小与国际先进水平的差距。例如，一些地区的科技创新平台通过与国外知名科研机构和企业合作，引进先进的智能制造技术、新能源技术等，结合本地产业特点进行二次开发和应用，推动了本地产业的智能化和绿色化发展。同时，技术的引进与转化还能促进不同地区、不同机构之间的技术交流与合作，实现技术资源的共享和优化配置。

（3）资金要素：运转的"血液"

资金是区域科技创新平台正常运转的"血液"，对平台的建设、运营和项目开展起着不可或缺的作用。科技创新活动具有高投入、高风险、长周期的特点，从科研项目的前期调研、实验研究，到技术的开发、产品的试制，再到市场的推广和应用，每一个环节都需要大量的资金支持。

在平台建设初期，需要投入资金用于基础设施建设、科研设备购置、人才引进等。例如，建设一个现代化的科研实验室，需要购置先进的实验仪器设备，如电子显微镜、质谱仪、基因测序仪等，这些设备价格昂贵，少则几十万元，多则上千万元。同时，为了吸引优秀的科研人才，还需要提供具有竞争力的薪酬待遇和良好的科研环境，这也需要大量的资金投入。

在平台运营过程中，资金用于维持日常的科研活动、项目研发、人员培训等。科研项目的开展往往需要持续的资金投入，以支付实验材料费用、研究人员的工资、设备的维护和更新费用等。而且，科技创新项目存在一定的风险，并非所有的项目都能取得预期的成果，这就要求平台有足够的资金储备来应对可能的失败，确保科研活动的连续性。

此外，资金还在推动科技成果转化和产业化方面发挥着关键作用。科技成果从实验室走向市场，需要进行中试放大、生产设备购置、市场推广等，这些环节都需要大量的资金支持。风险投资、产业投资基金等金融资本的介入，能够为科技成果转化提供资金保障，加速科技成果的产业化进程，实现科技创新的经济价值。

（4）基础设施要素：创新的"硬件保障"

基础设施是区域科技创新平台开展创新活动的"硬件保障"，包括实验室、科研设备、科技园区等。先进的实验室和科研设备能够为科研人员提供良好的研究条件，提高科研工作的效率和质量。在物理学研究领域，大型强子对撞机（LHC）是世界上最大、能量最高的粒子加速器，它为科学家们研究物质的基本结构和相互作用提供了强大的实验工具。通过LHC的实验，科学家们发现了希格斯玻色子，这一重大发现对于完善粒子物理学标准模型具有重要意义。

在生物学研究中，先进的基因测序设备能够快速、准确地测定生物的基因序列，为基因功能研究、疾病诊断和治疗等提供关键数据支持。例如，因美纳（Illumina）公司的HiSeq系列基因测序仪，以其高测序通量和高准确性，广泛应用于全球的科研机构和医院，推动了生命科学领域的快速发展。

科技园区作为科技创新的重要载体，能够为企业和科研机构提供集中的办公场所、完善的配套设施和良好的创新氛围。像北京的中关村科技园，汇聚了大量的高新技术企业、科研机构和高校，形成了产学研紧密结合的创新生态系统。园区内不仅拥有现代化的写字楼、实验室等办公设施，还配备了完善的交通、餐饮、住宿等生活配套设施，以及技术交易市场、知识产权服务机构、金融服务机构等创新服务平台，为科技创新活动的开展提供了全方位的支持。

（5）政策环境要素：创新的"软环境"

政策环境是区域科技创新平台发展的"软环境"，对平台的建设和发展起着重要的推动作用。政府通过制定一系列政策法规，为科技创新提供政策扶持、法规保障和制度激励。

在政策扶持方面，政府通常会出台财政补贴、税收优惠、贷款贴息等政策，鼓励企业和科研机构加大研发投入。例如，许多地区对高新技术企业给予税收减免优惠，对企业的研发费用实行加计扣除政策，这在一定程度上降低了企业的创新成本，提高了企业开展科技创新活动的积极性。政府还会设立科技专项资金，用于支持重大科研项目的研发和科技成果的转化，引导社会资本投向科技创新领域。

法规保障方面，完善的知识产权保护法律法规能够保护创新者的合法权益，激发创新者的积极性和创造性。通过加强知识产权保护，防止创新成果被侵权和抄袭，确保创新者能够从创新活动中获得应有的回报。同时，健全的科技成果转化法律法规能够规范科技成果转化的流程和行为，保障科技成果转化各方的权益，促进科技成果的顺利转化和产业化应用。

政策环境还包括创新人才政策和科技管理体制等方面。良好的人才政策能够吸引和留住优秀的创新人才，为科技创新提供人才保障。例如，一些地区出台的人才落户政策、人才公寓政策、人才奖励政策等，为人才的生活和工作提供了便利和激励。而合理的科技管理体制能够优化科技资源的配置，提高科技创新的效率和效益。通过简化科研项目审批流程、完善科研评价机制等措施，营造宽松、自由的科研环境，激发科研人员的创新活力。

3.3　分类解析

（1）按功能分类

1）研发类平台

研发类平台是以基础研究、前沿技术研发为主要功能的平台，在科技创新的征程中承担着探索未知、突破关键技术瓶颈的重任。国家重点实验室作为研发类平台的典型代表，是国家科技创新体系的重要组成部分。以清华大学的清华信息科学与技术国家实验室（筹）（现为北京信息科学与技术国家研究中心）为例，该实验室聚焦于信息科学与技术领域的前沿研究，在计算机科学、通信技术、电子工程等多个方向开展基础研究和应用基础研究。其科研团队在人工智能算法、量子通信技术、新型计算架构等方面取得了一系列具有国际影响力的研究成果。实验室研发的新型深度学习算法，在图像识别、语音识别等领域的准确率大幅提升，推动了人工智能技术在智能安防、智能家居、智能医疗等多个行业的广泛应用。在量子通信技术研究方面，科研团队取得了关键技术突破，为我国构建安全可靠的量子通信网络奠定了坚实基础。

除了国家重点实验室，还有一些高校和科研机构设立的专业性研发平台，专注于某一特定领域的研究。例如，中国科学院半导体研究所的半导体超晶格国家重点实验室，围绕半导体超晶格材料与器件开展深入研究，在半导体量子阱激光器、量子级联激光器等关键技术上取得了显著成果，这些成果为我国光通信、光存储、激光加工等产业的发展提供了重要的技术支撑。这些研发类平台汇聚了大量的高端科研人才和先进的科研设备，通过持续的研发投入和创新探索，不断产出具有创新性和前瞻性的科研成果，为区域乃至国家的科技创新提供了源动力。

2）成果转化类平台

成果转化类平台是促进科技成果从实验室走向市场的关键桥梁，其核心使命是加速科技成果的商业化应用，实现科技与经济的紧密结合。技术转移中心作为成果转化类平台的重要形式之一，在科技成果转化过程中发挥着重要的纽带作用。以上海技术交易所为例，该交易所致力于构建集技术交易、成果转化、知识产权服务、科技金融服务等功能于一体的综合性技术交易平台。通过整合各类科技成果资源，建立完善的技术交易服务体系，为技术供需双方提供精准的对接服务。

上海技术交易所与高校、科研机构、企业等建立了广泛的合作关系，收集了大量的科技成果信息，并通过线上线下相结合的方式，定期举办技术成果拍卖会、项目对接会等活动，促进科技成果的交易和转化。在实际运作中，上海技术交易所成功推动了多项科技成果的转化应用。例如，将某高校研发的新型环保材料技术成功转让给一家企业，帮助企业实现了产品的升级换代，提高了市场竞争力；同时，也为高校科研团队带来了可观的经济收益，激励他们开展更多的科研创新活动。

除了技术转移中心，还有一些产业技术创新联盟、中试基地等成果转化类平台。产业技术创新联盟通过整合产业链上下游企业、高校和科研机构的资源，围绕产业共性技术开展联合攻关，加速科技成果在产业内的推广应用。中试基地则为科技成果提供了从实验室到产业化生产的中间试验环节，解决了科技成果转化过程中的技术放大、工艺优化等关键问题，降低了企业的技术创新风险。这些成果转化类平台有效解决了科技成果转化过程中的信息不对称、技术不成熟、资金短缺等问题，促进了科技成果的快速转化和产业化应用。

3）创新创业服务类平台

创新创业服务类平台是为创业者提供全方位资源和服务的平台，是培育创新型企业和推动创新创业发展的重要力量。众创空间和孵化器作为创新创业服务类平台的典型代表，在激发创新创业活力、培育创新型企业方面发挥着关键作用。众创空间为创业者提供了低成本、便利化、全要素的创业服务，通常具备办公场地、共享设施、创业辅导、投资对接等多种功能。以北京的氪空间为例，氪空间为创业者提供了舒适的办公环境，配备了齐全的办公设备和高速网络，创业者可以根据自己的需求灵活选择工位或独立办公室。同时，氪空间还定期举办创业培训、项目路演、行业交流等活动，邀请行业专家、投资人为创业者提供专业的指导和建议，帮助创业者拓展人脉资源，提升创业能力。

孵化器则更加注重对初创企业的培育和扶持，通过提供一系列的孵化服务，帮助初创企业度过创业初期的艰难阶段，实现快速成长。例如，深圳的腾讯众创空间依托腾讯强大的资源优势，为入驻的初创企业提供技术支持、市场推广、资金扶持等全方位的孵化服务。在技术支持方面，腾讯众创空间为初创企业开放了腾讯云、人工智能、大数据等先进的技术平台，帮助企业降低技术研发成本，提升产品竞争力；在市场推广方面，利用腾讯的社交媒体、应用商店等渠道，帮助初创企业扩大产品的知名度和市场份额；在资金扶持方面，设立了专项投资基金，对优秀的初创企业进行投资，为企业的发展提供资金保障。

除了众创空间和孵化器，还有一些如创业加速器、创业投资机构等的创新创业服务类平台。创业加速器通过提供短期、高强度的加速服务，帮助有一定基础的创业企业快速提升业务能力和市场竞争力；创业投资机构则为创新创业企业提供资金支持，推动企业的发展壮大。这些创新创业服务类平台的协同发展，为创业者提供了良好的创新创业环境，激发了全社会的创新创业活力，培育了大量的创新型企业，为区域经济的发展注入了新的动力。

（2）按层级分类

1）国家级平台

国家级平台是国家科技创新体系的核心力量，在国家战略中具有举足轻重的地位和引领作用。这些平台汇聚了全国乃至全球顶尖的科研人才、先进的科研设备和大量的科研资金，承担着国家重大科研任务和关键核心技术攻关的使命。以国家实验室为例，作为我国科技创新的最高平台，国家实验室聚焦于国家战略需求，在基础科学、前沿技术、国家安全等关键领域开展前瞻性、战略性研究。例如，北京怀柔综合性国家科学中心围绕物质科学、空间科学、生命科学等领域，开展多学科交叉研究，致力于解决制约我国经济社会发展的重大科学问题和关键核心技术难题。

在应对全球性挑战方面，国家级平台也发挥着重要作用。在新冠肺炎疫情防控期间，依托国家级科研平台，我国科研人员迅速开展疫苗研发、病毒检测技术研究等工作，取得了一系列重要成果。中国疾病预防控制中心病毒病预防控制所等国家级科研机构，在病毒溯源、病毒特性研究等方面发挥了关键作用，为疫情防控提供了科学依据。同时，一些国家级生物医药研发平台加快推进新型冠状病毒疫苗的研发和生产，为全球抗疫做出了重要贡献。

2）省级平台

省级平台是区域创新体系的重要支撑，在区域创新中发挥着关键作用。省级平台能够整合省内的创新资源，促进区域内高校、科研机构和企业之间的合作与交流，推动科技成果在省内的转化和应用，带动区域产业的升级和发展。以江苏省产业技术研究院为例，该研究院致力于构建产业技术研发、成果转化、企业孵化、人才培养等一体化的创新服务体系。通过与省内各大高校、科研机构建立紧密的合作关系，集聚了大量的创新资源，开展了一系列针对江苏优势产业和战略性新兴产业的关键技术研发和成果转化工作。

在智能制造领域，江苏省产业技术研究院联合省内多家企业和高校，共同开展工业互联网、智能机器人等关键技术的研发和应用示范。通过研发具有自主知识产权的工业互联网平台，实现了企业生产过程的数字化、智能化管理，提高了生产效率和产品质量；在智能机器人研发方面，取得了多项技术突破，研发出了一系列适用于不同行业的智能机器人产品，推动了江苏省智能制造产业的快速发展。省级平台还能够根据本省的产业特色和发展需求，制定有针对性的创新政策和发展规划，引导创新资源向重点产业和领域集聚，促进区域创新能力的提升。

3）市级及以下平台

市级及以下平台是地方创新生态的基础支撑，在促进地方经济发展、推动中小企业创新方面发挥着不可或缺的作用。这些平台贴近地方企业和市场需求，能够为本地企业提供更加精准、个性化的创新服务。以杭州市余杭区梦想小镇为例，作为一个以互联网创业为特色的创新创业平台，梦想小镇汇聚了大量互联网创业项目和创业团队。小镇为创业者提供了完善的创业服务体系，包括创业场地、创业辅导、政策咨询、投资对接等服务。通过举办各类创业活动，如创业大赛、创业沙龙、项目路演等，激发了创业者的创新活力，促进了创业项目之间的交流与合作。

在梦想小镇的支持下，许多初创企业迅速成长壮大。例如，某互联网电商创业项目在小镇的孵化下，短短几年时间就发展成为行业内知名的电商平台，带动了当地电商产业的发展，创造了大量的就业机会。市级及以下平台还能够整合本地的产业资源和创新要素，培育地方特色产业集群，提升地方经济竞争力。一些地方通过建设特色产业园区、科技企业孵化器等平台，吸引了相关企业的集聚，形成了产业集群效应。这些产业集群在技术创新、市场拓展、产业链协同等方面具有明显优势，为地方经济的可持续发展提供了有力支撑。

（3）成功案例的要素与分类体现

以苏州工业园区的科技创新平台为例，该平台在推动区域科技创新和经济发展方面取得了显著成效，其要素构成和分类归属极具代表性。

在人才要素方面，苏州工业园区通过一系列优惠政策和良好的发展环境，吸引了大量高端人才。园区与国内外多所知名高校建立合作关系，开展人才联合培养项目，为企业输送了大量专业人才。同时，园区还设立了人才奖励基金，对在科技创新领域做出突出贡献的人才给予重奖，激发了人才的创新积极性。这些人才汇聚在园区的科技创新平台，涵盖了电子信息、生物医药、新能源等多个领域，为平台的创新发展提供了强大的智力支持。

从技术要素来看，园区内的科技创新平台注重技术研发和引进。例如，在半导体领域，平台内的企业加大研发投入，与科研机构合作开展关键技术攻关，在芯片制造工艺、封装技术等方面取得了多项突破。同时，平台积极引进国外先进技术，通过与国际知名企业合作，实现技术的消化吸收和再创新。这些技术成果不仅提升了企业的核心竞争力，也推动了整个园区半导体产业的发展。

资金要素上，苏州工业园区形成了多元化的资金投入机制。政府设立了科技专项资金，对科技创新项目给予资金支持。同时，积极引导金融机构和风险投资机构参与，为企业提供贷款、股权投资等多种形式的资金支持。例如，某生物医药企业在研发一款创新药物时，获得了政府科技专项资金的扶持，同时吸引了风险投资机构的关注，获得了数千万元的股权投资，为项目的顺利推进提供了充足的资金保障。

基础设施要素方面，园区建设了现代化的科技园区、孵化器和加速器，为企业提供了完善的办公场地、科研设施和配套服务。例如，苏州生物医药产业园拥有先进的实验室、研发中心和中试基地，配备了一流的科研设备，为生物医药企业的研发和生产提供了良好的硬件条件。同时，园区还完善了交通、餐饮、住宿等生活配套设施，为人才的生活提供了便利。

政策环境要素方面，园区出台了一系列鼓励科技创新的政策。在税收优惠方面，对高新技术企业给予税收减免，对企业的研发费用实行加计扣除；在人才政策方面，提供人才落户、住房补贴、子女教育等优惠政策，吸引和留住人才；在科技成果转化方面，建立了完善的技术交易市场和知识产权服务体系，促进科技成果的交易和转化。

从分类归属来看，苏州工业园区的科技创新平台涵盖了多种类型。按功能分类，它包含了研发类平台，如众多企业设立的研发中心和与高校合作共建的科研机构，专注于前沿技术和关键共性技术的研发；成果转化类平台，如技术转移中心和产业技术创新联盟，加速科技成果的商业化应用；创新创业服务类平台，如众创空间和孵化器，为创业者提供全方位的创业服务。按层级分类，园区内既有国家级的创新平台，如国家高新技术产业开发区，也有省级和市级的创新平台，形成了多层次、全方位的创新平台体系。

（4）案例带来的启示与借鉴

苏州工业园区科技创新平台的成功经验，为其他地区构建和发展科技创新平台提供了宝贵的借鉴意义。

在人才吸引与培养方面，其他地区应注重营造良好的人才发展环境，制定具有吸引力的人才政策。加强与高校、科研机构的合作，建立人才联合培养机制，为科技创新平台提供源源不断的人才支持。同时，要注重人才激励机制建设，通过设立奖励基金、提供职业发展空间等方式，激发人才的创新活力。

技术创新与引进方面，各地应加大对科技创新的投入，鼓励企业和科研机构开展自主研发，提高自身的技术创新能力。同时，要积极开展国际科技合作，引进国外先进技术，通过消化吸收和再创新，提升本地的技术水平。建立完善的技术创新体系，加强产学研合作，促进技术成果的转化和应用。

资金筹集与运用上，应建立多元化的资金投入机制。政府要加大对科技创新的财政支持力度，设立科技专项资金，引导社会资本参与科技创新。鼓励金融机构创新金融产品和服务，为科技创新企业提供多样化的融资渠道。同时，要加强对资金的管理和监督，提高资金的使用效率。

基础设施建设方面，要加大对科技园区、孵化器、加速器等的投入，完善科研设施和配套服务。打造良好的创新创业环境，吸引企业和人才入驻。注重基础设施的规划和布局，根据不同产业的特点和需求，建设专业化的创新平台。

政策制定与实施方面，政府应根据本地的产业特点和发展需求，制定针对性强、具有可操作性的科技创新政策。加强政策的宣传和解读，确保企业和科研机构能够充分了解和享受政策优惠。同时，要建立政策评估和调整机制，根据政策的实施效果及时进行调整和完善。

通过对苏州工业园区科技创新平台的案例剖析，我们可以看到，一个成功的区域科技创新平台需要具备完善的要素构成和合理的分类体系。其他地区在构建和发展科技创新平台时，应充分借鉴其成功经验，结合自身实际情况，制定科学合理的发展战略，推动区域科技创新和经济高质量发展。

3.4　构建创新生态，推动区域发展

区域科技创新平台作为区域创新体系的关键组成部分，其构成要素涵盖了人才、技术、资金、基础设施和政策环境等多个方面，这些要素相互关联、相互作用，共同构成了科技创新平台的核心竞争力。人才是创新的核心驱动力，技术是创新的"硬实力"，资金是创新运转的"血液"，基础设施是创新的"硬件保障"，政策环境是创新的"软环境"，每一个要素都不可或缺，它们的协同发展能够激发创新活力，推动科技创新不断取得新的突破。

从分类来看，区域科技创新平台可以按功能分为研发类平台、成果转化类平台和创新创业服务类平台，按层级分为国家级平台、省级平台和市级及

以下平台。不同类型和层级的平台在区域创新中发挥着各自独特的作用，它们相互补充、协同发展，形成了一个多层次、全方位的创新平台体系。研发类平台专注于前沿技术研发，为区域创新提供源动力；成果转化类平台促进科技成果的商业化应用，实现科技与经济紧密结合；创新创业服务类平台为创业者提供全方位的支持和服务，激发创新创业活力。国家级平台在国家战略中具有引领作用，省级平台是区域创新的重要支撑，市级及以下平台则是地方创新生态的基础。

通过对苏州工业园区等典型案例的剖析，我们可以看到，成功的区域科技创新平台在要素构成和分类方面都具有显著的优势。它们注重人才的引进和培养，加大技术创新和引进力度，建立多元化的资金投入机制，完善基础设施建设，制定并实施有效的政策措施。同时，这些平台能够根据自身的定位和发展需求，合理布局不同功能和层级的平台，实现各类平台的协同发展，形成强大的创新合力。

展望未来，区域科技创新平台的要素将呈现出更加多元化、国际化和高效化的发展趋势，分类将朝着融合发展、协同联动的方向演变。随着科技的不断进步和经济的快速发展，区域科技创新平台将在推动区域创新生态建设和经济高质量发展中发挥更加重要的作用。各地区应充分认识到区域科技创新平台的重要性，结合自身实际情况，加强平台建设和发展，优化要素配置，完善分类体系，不断提升平台的创新能力和服务水平，为区域经济的可持续发展注入新的动力，在全球科技创新的浪潮中抢占先机，实现跨越发展。

第三章

构建区域科技创新平台的理论基础

1 创新生态系统理论

1.1 创新生态系统理论：区域科技创新的基石

在当今科技飞速发展的时代，区域科技创新已成为推动地区经济增长、提升综合竞争力的关键力量。而创新生态系统理论作为区域科技创新平台构建的重要理论基础，为我们理解和促进区域创新提供了全新的视角与方法。它打破了传统创新理论中各主体相对孤立的局面，强调创新主体之间的相互依存、协同进化以及与创新环境的紧密互动，如同描绘了一幅生机勃勃、充满活力的创新画卷，让我们看到区域创新并非单个主体的单打独斗，而是一个有机整体的协同发展。在这片"创新生态"中，每一个要素都扮演着不可或缺的角色，共同推动着区域科技创新的巨轮滚滚向前，对区域科技创新平台的构建意义深远。

1.2 创新生态系统理论的内涵剖析

（1）概念溯源

创新生态系统理论的诞生并非一蹴而就，而是在对经济社会发展中的创新现象深入研究的基础上逐渐形成的。20世纪末，美国对硅谷崛起的研究成为该理论发展的重要契机。硅谷，这片面积不大却汇聚了众多顶尖科技企业和创新人才的区域，在短短几十年间创造了惊人的科技成果和经济价值。通过对硅谷的深入剖析，研究者们发现，这里的创新成功并非仅仅依赖于单个企业或科研机构的努力，而是众多创新主体，包括高科技企业、高校、科研机构、风险投资机构、中介服务组织等，在良好的政策环境、文化氛围和基础设施支撑下，相互协作、相互促进的结果。这种独特的创新模式与传统的创新理论截然不同，它强调创新主体之间的紧密联系和协同作用，以及创新环境对创新活动的重要影响，如同自然界中的生态系统一样，各要素相互依存、共同发展。在此背景下，创新生态系统的概念应运而生，它为解释和促进区域创新提供了全新的视角，标志着创新理论从关注个体创新向关注整体创新生态的转变，开启了创新研究的新篇章。

（2）核心要素

创新生态系统包含多个关键要素，这些要素相互作用，共同推动着创新的发展。

人才是创新的核心资源，无论是科学家、工程师还是企业家，他们都凭借自身的智慧和创造力，为创新注入源源不断的动力。在科技创新的前沿领域，如人工智能、生物医药等，顶尖的科研人才能够突破技术瓶颈，实现关键技术的创新与突破；而富有远见的企业家则能够敏锐地捕捉市场需求，将科研成果转化为具有市场竞争力的产品和服务，从而推动创新成果的商业化应用。

资金支持是创新活动得以持续开展的重要保障。公共资助的研究项目为基础研究提供了稳定的资金来源，助力科研人员探索未知领域，为创新奠定了坚实的理论基础；私人投资的风险资本则在创新成果的转化和产业化阶段发挥着关键作用，它们敢于冒险，为具有创新潜力的初创企业提供资金支持，帮助企业快速成长壮大。例如，许多互联网科技企业在创业初期，正是依靠风险投资，才得以在技术研发、市场拓展等方面投入大量资源，最终成为行业的领军者。

基础设施是创新的硬件支撑，现代化的实验室、先进的制造设备和高性能的计算设备等，为科技创新提供了必要的物质条件。在生物制药领域，先进的实验设备能够帮助科研人员更精准地进行药物研发和实验测试；高性能的计算设备则在大数据分析、人工智能算法训练等方面发挥着不可或缺的作用，加速了科技创新的进程。此外，信息通信技术的普及和发展也为知识的传播和共享提供了便利条件，促进了创新主体之间的交流与合作。

政策法规对创新生态系统的形成和发展有着深远的影响。完善的知识产权保护制度能够激发人们的创新热情，让创新者的权益得到有效保障，从而鼓励更多的人投身于创新活动；开放的市场准入规则和公平竞争的环境则有助于促进创新成果的转化和商业化，使创新资源得到更合理的配置。政府在制定产业政策时，通过对新兴产业的扶持和引导，能够吸引更多的创新要素向这些领域聚集，推动产业的创新升级。

（3）关键特征

创新生态系统具有开放性、协作性、动态性和可持续性等的显著特征，这些特征对于区域创新具有至关重要的意义。

开放性使得创新生态系统能够与外部环境进行广泛的物质、能量和信息交换，吸引外部的创新资源和要素流入。在全球化的背景下，区域创新生态系统不再是封闭的，而是积极与国内外其他创新生态系统开展合作与交流。例如，许多城市通过举办国际科技交流会议、建立国际科技合作园区等方式，吸引国外科研机构、企业和人才入驻，引入先进的技术和创新理念，为区域创新注入新的活力。

协作性强调创新主体之间的协同合作，打破传统的组织边界，形成紧密的创新网络。在创新生态系统中，企业、高校、科研机构、政府等主体通过合作项目、产学研联盟等形式，实现资源共享、优势互补。以新能源汽车产业为例，汽车企业与高校、科研机构合作开展电池技术研发，政府则通过政策支持和基础设施建设，促进新能源汽车的推广应用，各方协同合作，共同推动了新能源汽车产业的创新发展。

动态性意味着创新生态系统会随着外部环境的变化和内部创新活动的推进而不断演化。技术的快速发展、市场需求的变化、政策的调整等因素，都会促使创新生态系统中的各要素不断调整自身的行为和策略，以适应新的环境。例如，在互联网技术快速发展的过程中，传统的零售企业积极开展数字化转型，与互联网科技企业合作，探索新的商业模式，从而在新的市场环境中保持竞争力。

可持续性是创新生态系统长期稳定发展的保障，它要求创新活动在追求经济效益的同时，注重生态环境保护和社会福祉提升。在当前全球倡导绿色发展的背景下，创新生态系统更加注重绿色技术的研发和应用，推动产业的绿色升级。例如，太阳能、风能等可再生能源技术的创新和应用，不仅为解决能源问题提供了新的途径，也减少了对环境的污染，实现经济发展与环境保护的良性互动。

1.3 创新生态系统理论对区域科技创新平台的作用

（1）激发创新活力

在区域科技创新平台中，创新生态系统理论发挥着强大的激发创新活力的作用。它打破了传统创新模式下各主体之间的壁垒，通过整合各类资源，为创新活动提供了丰富的"养分"。以中关村为例，这里汇聚了众多高校、科研机构和企业，形成了一个庞大而活跃的创新生态系统。高校和科研机构凭借其雄厚的科研实力，源源不断地产生新的科研成果和创新理念；企业则敏锐地捕捉市场需求，将这些科研成果转化为具有市场竞争力的产品和服务。同时，各类中介服务机构如技术转移中心、知识产权代理机构等，在创新成果的转化过程中发挥着桥梁和纽带作用，加速了创新成果从实验室走向市场的进程。在这个创新生态系统中，各主体之间的合作形式多样，包括产学研合作项目、联合研发中心、技术创新联盟等。这些合作不仅实现了资源的共享和优势互补，还激发了各主体的创新积极性和创造力。企业在与高校、科研机构的合作中，能够接触到前沿的科研成果和高端人才，为自身的技术创新提供了强大的支持；高校和科研机构则通过与企业的合作，了解市场需求，使科研成果更具实用性和针对性，实现了科研与市场的紧密结合。

（2）促进资源高效配置

创新生态系统理论如同一只无形的手，引导创新资源在区域内实现高效配置，避免资源的浪费。在创新生态系统中，各创新主体基于市场机制和合作需求，根据自身的优势和特长，在创新链的不同环节发挥作用，实现资源的优化配置。在深圳的电子信息产业创新生态系统中，华为、腾讯等大型企业凭借强大的研发实力和资金优势，在技术研发、产品创新和市场拓展等方面发挥着引领作用；众多中小企业则专注于细分领域，为大型企业提供零部件配套、技术服务等，形成了专业化、精细化的分工协作体系；风险投资机构根据市场前景和创新项目的潜力，将资金投向最具发展潜力的企业和项目，为创新活动提供了充足的资金支持；科研机构则将科研资源聚焦于关键技术领域，开展前沿性研究，为产业发展提供技术储备。这种基于市场机制和合作需求的资源配置方式，使得创新资源能够流向最能产生价值的地方，提高了资源的利用效率，促进了区域科技创新能力的提升。

（3）推动产业升级转型

创新生态系统是推动产业升级转型的强大引擎，通过科技创新为产业发展注入新的活力，提升产品附加值，促进产业结构的优化升级。在新能源汽车产业创新生态系统中，科技创新贯穿整个产业链。电池技术的创新是新能源汽车发展的关键，科研机构和企业加大研发投入，不断推动电池能量密度、续航里程、充电速度等性能指标的提升。例如，特斯拉在电池技术方面的持续创新，使其电动汽车在续航里程和性能方面具有显著优势，引领了全球新能源汽车市场的发展。同时，自动驾驶技术的研发也是新能源汽车产业的重要创新方向，谷歌、百度等科技企业在自动驾驶技术领域进行了大量的研究和实践，推动了自动驾驶技术的不断进步。这些科技创新成果不仅提高了新能源汽车的产品附加值和市场竞争力，还带动了整个新能源汽车产业的发展，促进了汽车产业从传统燃油汽车向新能源汽车的转型升级。此外，新能源汽车产业的发展还带动了上下游相关产业的协同发展，如电池材料、充电桩制造、智能网联等产业，形成了一个完整的产业生态系统，推动了区域经济的高质量发展。

1.4   基于创新生态系统理论的区域科技创新平台构建策略

（1）主体多元化，构建协同创新网络

区域科技创新平台的构建需要汇聚各方力量，形成多元主体协同创新的格局。

企业作为创新的主体之一，在市场竞争的驱动下，具有强烈的创新动力和将创新成果商业化的能力。它们能够敏锐地捕捉市场需求，快速响应，并将新技术、新创意转化为实际的产品和服务，推动创新成果在市场中的应用和推广。例如，苹果公司凭借其强大的创新能力和对市场需求的精准把握，不断推出具有创新性的产品，如iPhone、iPad等，引领了全球智能手机和平板电脑市场的发展潮流。

高校和科研机构是知识创新的源泉，拥有丰富的科研资源和高素质的科研人才，能够开展前沿性的基础研究和应用研究，为创新提供理论支持和技术储备。以清华大学为例，其在人工智能、新能源等领域的研究成果处于国内领先水平，为相关产业的发展提供了重要的技术支撑。同时，高校还承担着培养创新人才的重任，为创新生态系统源源不断地输送新鲜血液。

政府在创新生态系统中扮演着重要的引导者和协调者的角色。政府通过制定政策法规、提供资金支持、完善基础设施等措施，为创新活动营造良好的政策环境和创新氛围。例如，政府可以设立科技创新专项资金，对具有创新性的企业和项目给予资金扶持；出台税收优惠政策，鼓励企业加大研发投入；加强知识产权保护，维护创新者的合法权益。此外，政府还可以通过组织产学研合作活动，促进企业、高校和科研机构之间的交流与合作，推动创新资源的优化配置。

中介服务机构在创新生态系统中起着桥梁和纽带的作用，它们能够为创新主体提供技术转移、知识产权代理、法律咨询、市场调研等专业化服务，加速创新成果的转化和应用。例如，技术转移中心可以帮助高校和科研机构将科研成果推向市场，实现技术与产业的对接；知识产权代理机构可以为企业提供知识产权申请、保护和运营等服务，增强企业的知识产权意识和保护能力。

（2）资源整合与共享，打破创新壁垒

区域内的人才、资金、技术等资源是创新的重要支撑，但这些资源往往分散在不同的主体和领域，存在着资源闲置和浪费的现象。因此，需要建立有效的资源整合与共享机制，打破创新壁垒，提高资源的利用效率。

在人才资源整合方面，可以建立区域人才共享平台，实现人才信息的互联互通。通过这个平台，企业可以发布人才需求信息，高校和科研机构可以推荐优秀人才，人才也可以展示自己的专业技能和研究成果，促进人才的合理流动和优化配置。同时，还可以开展人才联合培养项目，企业与高校、科研机构合作，共同制定人才培养方案，培养既具备专业知识又具有实践能力的创新人才。例如，一些企业与高校联合开展"订单式"人才培养，根据企业的实际需求，为企业定向培养所需的专业人才。

资金资源的整合可以通过设立区域科技创新基金、产业投资基金等方式来实现。这些基金可以吸引政府、企业、社会资本等多方资金的参与，为创新项目提供资金支持。同时，还可以加强金融机构与创新企业的合作，创新金融产品和服务，拓宽企业的融资渠道。例如，开展知识产权质押贷款、科技保险等业务，为企业解决融资难题。

技术资源的共享可以通过建立技术研发平台、科技资源共享服务平台等方式来实现。技术研发平台可以整合区域内的科研力量，共同开展关键技术研发，攻克技术难题；科技资源共享服务平台可以整合高校、科研机构和企业的科研仪器、实验数据、科技文献等资源，实现资源的共享和开放利用。例如，一些地区建立了大型科学仪器共享平台，企业和科研机构可以通过平台预约使用大型科学仪器，提高科研设备的利用效率。

（3）营造良好创新环境，提供政策支持

良好的创新环境是创新生态系统健康发展的重要保障，政府在营造创新环境方面肩负着重要责任。

在政策制定方面，政府应加大对科技创新的支持力度，制定一系列鼓励创新的政策法规。例如，出台科技创新激励政策，对在科技创新方面取得突出成绩的企业和个人给予奖励；制定科技成果转化政策，促进科技成果的快速转化和应用。

在法规完善方面，要建立健全的科技创新相关的法律法规体系，为创新活动提供法律保障。例如，制定"科技创新促进法"，明确科技创新的目标、任务、保障措施等，规范科技创新行为；完善知识产权法律法规，加强对知识产权侵权行为的打击力度，维护知识产权市场秩序。

此外，政府还应注重营造有利于创新的文化氛围，倡导勇于创新、敢于冒险、宽容失败的创新文化。通过举办创新创业大赛、科技成果展览等活动，激发全社会的创新热情和创新活力；加强对创新典型的宣传和表彰，树立创新榜样，营造尊重创新、鼓励创新的社会风尚。

1.5　成功实践与经验借鉴

（1）广东省科学院创新实践

广东省科学院在构建创新生态系统方面进行了积极的实践和探索，取得了显著的成效。

在科技成果转化机制方面，广东省科学院通过一系列创新举措，加速了科技成果的转化和应用。作为国家试点单位，广东省科学院积极开展职务科技成果所有权和长期使用权改革试点。在成果赋权方面，给予科研人员更大的自主权，科研人员从成果转让收入中可提取的比例不低于70%，上不封顶，这一政策极大地激发了科研人员的创新积极性和成果转化热情。例如，在某科研项目中，科研团队通过成果赋权获得了相应的股权和收益，这不仅让他们在经济上得到了回报，更重要的是还增强了他们对科研成果转化的责任感和参与度。

在技术育成孵化方面，广东省科学院建立了完善的技术育成孵化体系。通过与地方政府合作共建产业技术研究院，采用公司化体制进行运作，由技术经纪人团队进行专业化运营，推动了政策链、创新链、产业链、资本链的深度融合。以佛山产业技术研究院为例，它积极引进科技创新项目，帮助这些项目在佛山落地。与佛山市形成战略合作关系后，佛山研究院成立了"院士创新成果转化中心"，相继引入中国科学院院士周成虎、中国工程院院士周克崧等的科技成果，助力当地产业升级。同时，佛山研究院还积极落实省科学院"走出去、引进来"的双向科技成果转移转化战略，建立"中国—乌克兰科技创新成果转化中心"，正在筹建"中国—白俄罗斯"产业技术联合创新中心，加强国际合作交流，引入国际先进团队和科研成果落地佛山，为佛山市企业、产品和科技成果走向世界搭建平台。

在产业创新发展支撑体系建设方面，广东省科学院围绕国家、广东省科技创新规划和自身目标定位，全力部署面向产业关键及共性技术研究的平台体系建设。目前，已构建形成"2个国家级中心+14个省级研发服务平台+2个人才培养平台"的多位一体的科技创新服务平台体系。这些平台涵盖了两大分析测试学科研究平台、六大行业关键及共性技术研究平台、三大特色技术服务平台以及四大质量监督检验中心/站，为产业技术创新升级提供了有力的支撑。例如，在材料化工领域，相关平台开展了关键核心技术攻关，为企业解决了生产技术难题，帮助企业开发新产品或升级换代产品，推动了产业的技术创新和发展。同时，广东省科学院还注重与企业的合作，每年服务企业

3.8万家（次）；与十多家省属国有企业共建创新联合体，围绕关键核心技术攻关、推动产业转型升级达成多项实质性合作；与我省行业龙头企业开展精准对接，依托近30个企业工作站、200多名企业科技特派员，贴身服务企业转型升级；为4 000多家中小企业提供技术开发和技术服务，成为产业创新发展的服务枢纽。

（2）硅谷创新生态系统

硅谷的创新生态系统堪称区域科技创新的成功范例。在硅谷，众多高科技企业如苹果、谷歌、英伟达等，凭借其敏锐的市场洞察力和强大的创新能力，在各自领域引领技术发展潮流。这些企业不断加大研发投入，推出具有创新性的产品和服务，以满足市场的多样化需求。例如，苹果公司的iPhone系列产品，以其独特的设计、强大的功能和卓越的用户体验，改变了全球智能手机市场的格局；谷歌公司在搜索引擎、人工智能等领域的创新成果，深刻影响了人们的信息获取和处理方式。

高校和科研机构在硅谷的创新生态系统中也发挥着重要作用。斯坦福大学、加州大学伯克利分校等世界知名高校，不仅为硅谷培养了大量高素质的创新人才，还开展了前沿性的科研工作，为企业的创新提供了坚实的技术支持。这些高校与企业之间建立了紧密的合作关系，通过产学研合作项目、联合实验室等形式，实现了科研成果的快速转化和应用。例如，斯坦福大学与谷歌公司的合作，在人工智能、大数据等领域取得了一系列重要成果，推动了相关技术的发展和应用。

风险投资机构在硅谷的创新生态系统中扮演着不可或缺的角色。这里汇聚了众多知名的风险投资公司，如红杉资本、凯鹏华盈等，它们为初创企业提供了充足的资金支持和专业的投资建议。风险投资机构敢于冒险，关注具有创新潜力的初创企业，在企业发展的早期阶段就给予资金投入，帮助企业快速成长壮大。硅谷许多的企业，如特斯拉、爱彼迎（Airbnb）等，在创业初期都得到了风险投资的青睐，从而得以在技术研发、市场拓展等方面投入大量资源，最终成为行业的领军者。

中介服务机构在硅谷的创新生态系统中发挥着重要的桥梁和纽带作用。律师事务所、会计师事务所、技术转移中心等中介服务机构为企业提供了全方位的专业服务，帮助企业解决在创新过程中遇到的法律、财务、技术转移等问题。例如，技术转移中心能够帮助高校和科研机构将科研成果推向市场，实现技术与产业的对接；律师事务所能够为企业提供知识产权保护、合同纠纷解决等法律服务，维护企业的合法权益。

2　区域经济发展与科技创新的耦合机制

在经济全球化与知识经济蓬勃兴起的当下，区域经济发展与科技创新的耦合机制已成为推动区域进步的关键力量。科技创新不再是孤立的活动，而是深度融入区域经济发展的脉络之中，两者相互依存、相互促进，共同谱写着区域繁荣发展的新篇章。这种耦合机制如同精密的齿轮组，一旦高效运转，便能释放出巨大的能量，推动区域在产业升级、竞争力提升以及可持续发展等方面取得显著成效。从世界范围来看，诸多发达地区正是凭借科技创新与区域经济的紧密耦合，在全球经济格局中占据了领先地位。而在我国，随着创新驱动发展战略的深入实施，各地也愈发重视这两者的协同作用，积极探索适合本区域的耦合模式与路径。因此，深入探讨区域经济发展与科技创新的耦合机制，不仅具有重要的理论价值，更是指导区域发展实践的迫切需求。它将为我们揭示如何在有限的资源条件下，实现科技创新与区域经济的良性互动，从而创造出更大的经济效益与社会效益。

2.1　区域经济发展与科技创新:相互交织的命运线

（1）区域经济发展的内涵与关键要素

区域经济发展，是指在特定的地理区域内，经济活动的规模不断扩大、结构持续优化以及质量稳步提升的动态过程。它不仅仅体现为地区生产总值（Regional GDP）的增长，还涵盖了产业结构的升级、就业水平的改善、居民生活质量的提高以及区域竞争力的增强等多个维度。

在影响区域经济发展的众多关键要素中，丰富的自然资源是发展的重要基础之一。例如，中东地区凭借其储量巨大的石油资源，在全球能源市场中占据着举足轻重的地位，石油产业的发展带动了当地基础设施建设、金融服务等相关行业的繁荣，极大地推动了区域经济的增长。而人力资源的质量与数量，同样起着核心作用。像印度的班加罗尔，作为全球知名的软件外包中心，拥有大量高素质的软件工程师，他们凭借专业的技术知识和创新能力，吸引了众多国际软件企业在此设立研发中心，使得班加罗尔的软件产业蓬勃发展，成为印度经济增长的重要引擎之一。

完善的基础设施，如便捷的交通网络、稳定的能源供应和高效的通信系统，是区域经济发展的坚实支撑。以中国的长三角地区为例，密集的高速公路、铁路网络以及现代化的港口和机场，不仅降低了企业的物流成本，提高了运输效率，还加强了区域内城市之间的经济联系与协作，促进了资源的优化配置，为区域经济的一体化发展创造了有利条件。

政策环境对区域经济发展的影响也不容小觑。政府通过制定产业政策、税收优惠政策和财政补贴政策等，可以引导资源向特定产业或地区流动，从而促进区域经济的协调发展。例如，我国政府为了推动西部地区的经济发展，实施了西部大开发战略，在基础设施建设、产业发展、人才引进等方面给予了大量政策支持和资金投入，使得西部地区的经济实现了快速增长，产业结构不断优化，缩小了与东部发达地区的差距。

市场需求作为经济活动的导向，对区域经济发展起着关键的拉动作用。随着生活水平的提高，人们对高品质、个性化产品和服务的需求不断增加，这促使企业加大研发投入，创新产品和服务，以满足市场需求，进而推动产业的升级和发展。比如，近年来随着消费者健康和环保意识的增强，新能源汽车市场需求迅速增长，带动了相关产业链的发展，许多地区抓住这一机遇，大力发展新能源汽车产业，实现了经济的快速增长和产业结构的优化。

（2）科技创新的内涵与核心构成

科技创新，是指将新知识、新技术、新工艺应用于生产、管理和服务等领域，从而创造新价值、推动社会进步的过程。它是一个复杂的系统工程，涵盖了从基础研究、应用研究到技术开发、产品创新以及市场推广等多个环节。

创新主体是科技创新的核心要素之一，主要包括企业、科研机构和高等院校。企业作为市场经济的主体，具有敏锐的市场洞察力和创新动力，能够将科技创新成果迅速转化为实际生产力。例如，苹果公司凭借其强大的创新能力，不断推出具有创新性的产品，如iPhone，不仅改变了人们的通信和生活方式，还引领了全球智能手机行业的发展潮流，创造了巨大的经济效益。科研机构和高等院校则是科技创新的重要源泉，它们在基础研究和前沿技术研究方面具有独特的优势，能够为企业提供关键技术支持和创新人才。比如，中国科学院在量子通信、人工智能等领域取得了一系列重大科研成果，为我国相关产业的发展提供了坚实的技术支撑。

创新投入是推动科技创新的重要保障，主要包括资金、人才和技术等方面的投入。充足的资金投入是开展科技创新活动的基础，政府和企业通过设立科研基金、进行风险投资等方式，为科技创新提供资金支持。例如，美国政府每年在科研领域的投入高达数千亿美元，用于支持基础研究和关键技术研发，使得美国在科技领域一直保持着领先地位。高素质的创新人才是科技创新的关键，他们具备专业知识、创新思维和实践能力，能够在科技创新中发挥核心作用。各国纷纷出台人才引进政策，吸引全球优秀人才，如新加坡通过提供优厚的待遇和良好的科研环境，吸引了大量国际人才，为其科技创新发展注入了强大动力。先进的技术设备和完善的科研基础设施，也是科技创新不可或缺的条件，它们能够为科研人员提供良好的研究条件，提高科研效率。

创新产出是科技创新的最终成果体现，包括新的技术、产品、工艺和服务等。这些创新产出不仅能够推动产业升级和经济增长，还能够改善人们的生活质量。例如，互联网技术的创新应用，催生了电子商务、共享经济等新兴业态，改变了人们的消费和生活方式，促进了经济的发展。同时，科技创新还能够带来新的商业模式和管理理念，提高企业的运营效率和竞争力。

（3）两者相互作用的初步探索

区域经济发展为科技创新提供了坚实的基础和广阔的需求空间。一方面，经济的发展能够为科技创新提供充足的资金支持。随着区域经济的增长，企业的利润增加，政府的财政收入也相应提高，这使得企业和政府有更多的资金投入到科技创新中。例如，深圳作为中国经济最发达的城市之一，拥有众多实力雄厚的企业，这些企业每年在研发方面的投入巨大，推动了深圳在电子信息、生物医药等领域的科技创新并取得了显著成果。另一方面，区域经济的发展也能够为科技创新提供丰富的人才资源。经济发达地区往往能够吸引更多的高素质人才，这些人才汇聚在一起，形成了强大的创新合力。同时，区域经济的发展还能够提供完善的科研基础设施和良好的创新环境，为科技创新创造有利条件。

此外，区域经济发展所产生的市场需求，是科技创新的重要动力源泉。随着区域经济的发展，人们的生活水平不断提高，对产品和服务的质量、性能、功能等方面的要求也越来越高，这促使企业加大科技创新投入，以满足市场需求。例如，随着人们对健康和环保的关注度不断提高，市场对绿色食品、新能源汽车等产品的需求日益增长，推动了相关企业在这些领域进行科技创新，促进了相关产业的发展。

科技创新则是推动区域经济增长和结构优化的核心动力。首先，科技创新能够提高生产效率，降低生产成本，从而增强企业的竞争力，促进区域经济的增长。例如，工业机器人的应用能够实现生产过程的自动化和智能化，提高生产效率，降低人工成本，使得企业在市场竞争中占据优势。其次，科技创新能够催生新的产业和业态，推动区域产业结构的优化升级。例如，大数据、人工智能等新兴技术的发展，催生了数字经济、智能制造等新兴产业，这些新兴产业的发展不仅为区域经济增长注入了新的动力，还促进了传统产业的转型升级。最后，科技创新还能够促进区域经济的可持续发展，通过开发和应用环保技术、节能技术等，减少对环境的污染和资源的消耗，实现经济与环境的协调发展。

2.2 耦合机制的理论

（1）协同学视角下的耦合

协同学，作为一门研究不同事物共同特征及其协同机理的新兴综合性学科，着重探究各种系统从无序状态转变为有序状态时所呈现出的相似性。其核心观点在于，由大量子系统组成的系统在特定条件下，会通过子系统之间的相互作用与协作产生自组织现象，进而促使系统从无序走向有序，形成新的结构与功能。

从协同学的视角审视区域经济与科技创新系统，它们可被视作两个相互关联的子系统，通过要素间的协同作用实现耦合发展。在区域经济系统中，资本、劳动力、土地等要素相互配合，推动产业的发展与经济的增长。而科技创新系统中的知识、技术、人才等要素，则是创新活动的关键驱动力。当这两个系统中的要素能够实现协同运作时，就能产生强大的协同效应，推动区域经济与科技创新的耦合发展。

例如，在深圳的高新技术产业发展过程中，区域经济系统为科技创新提供了充足的资金支持、广阔的市场空间以及完善的基础设施。众多企业凭借雄厚的资金实力，加大在研发方面的投入，吸引了大量高端人才汇聚于此。同时，科技创新系统所产生的新技术、新成果，又迅速应用于区域经济系统中的各个产业，推动了产业的升级和创新发展，提高了产业的竞争力，进而促进了区域经济的增长。这种要素间的协同作用，使得深圳的区域经济与科技创新实现了深度耦合，成为我国经济发展与科技创新的典范。

（2）系统动力学理论的应用

系统动力学是一门以系统反馈控制理论为基础，以计算机仿真技术为主要手段，用于研究复杂社会经济系统动态行为的学科。它将系统中的各种变量划分为状态变量、速率变量和辅助变量，并通过建立反馈回路来描述系统内部各变量之间的相互关系和动态变化过程。

在分析区域经济发展与科技创新的耦合机制时，系统动力学理论发挥着重要作用。它能够深入剖析两个系统在动态变化过程中的相互作用关系，揭示其中的因果反馈机制。通过建立系统动力学模型，可以对不同政策、环境等条件下区域经济与科技创新系统的发展趋势进行仿真模拟，为政策制定者提供科学的决策依据。

以某地区的产业发展为例，假设该地区加大对科技创新的投入，这一举措会通过一系列的因果反馈机制影响区域经济发展。首先，科技创新投入的增加会促进科研成果的产出，提高企业的技术水平和创新能力。这将使得企业能够开发出更具竞争力的产品，拓展市场份额，从而增加企业的收入和利润。其次，企业利润的增加又会进一步吸引更多的资本投入到该地区，推动产业的扩张和升级。最后，产业的发展会创造更多就业机会，吸引更多的人才流入，为科技创新提供更充足的人力资源，形成一个良性循环。系统动力学模型能够清晰地展示这一动态变化过程，帮助我们更好地理解区域经济发展与科技创新之间的复杂关系，从而制定出更有效的政策措施，促进两者的耦合发展。

（3）创新扩散理论的关联

创新扩散理论由美国学者埃弗雷特·罗杰斯于20世纪60年代提出。该理论认为创新是一种被个人或其他采用单位视为新颖的观念、实践或事物，而创新扩散则是指新观念在一定时间内，经由特定的传播途径，在社会系统成员之间传播的过程。这一过程涵盖了知晓、劝服、决定、实施和确定五个阶段。

在区域经济系统中，科技创新成果的扩散是实现区域经济发展与科技创新耦合的重要环节。当一项科技创新成果出现后，首先会被少数具有创新意识和冒险精神的先驱者所知晓和采用。这些先驱者通过自身的实践和示范，逐渐劝服更多的人认识到创新成果的价值和优势，从而促使更多的企业和个人决定采用这一创新成果。随着创新成果的不断实施和应用，其在区域经济系统中的扩散范围逐渐扩大，最终被广大社会成员所接受和确定。

以智能手机的普及为例，最初智能手机作为一种创新产品，只有少数追求时尚和新技术的消费者率先购买和使用。随着这些消费者对智能手机便捷功能的宣传和展示，越来越多的人开始了解并认识到智能手机的优势，从而产生购买的欲望。手机厂商通过不断改进产品性能、降低价格等方式，进一步促进了智能手机在市场上的扩散。如今，智能手机已成为人们生活中不可或缺的工具，其创新成果不仅推动了通信行业的发展，还带动了相关软件、互联网服务等产业的繁荣，促进了区域经济的增长。这种科技创新成果在区域经济系统中的扩散过程，充分体现了创新扩散理论与区域经济发展和科技创新耦合机制的紧密关联。

2.3 耦合机制的具体表现

（1）要素流动与共享

在区域经济与科技创新的耦合发展进程中，人才、资金、技术等关键要素在两个系统之间的流动与共享发挥了极为重要的作用。

人才，作为最为活跃且关键的要素，其流动方向与趋势深刻影响着区域经济与科技创新的格局。一方面，科技创新活动凭借其对前沿知识和技术的探索与应用，为人才提供了广阔的发展空间和极具挑战性的工作机会，吸引大量高素质人才汇聚。例如，北京的中关村作为我国科技创新的高地，聚集了众多来自国内外顶尖高校和科研机构的人才，他们怀揣着对科技创新的热情与追求，投身于人工智能、生物医药、信息技术等前沿领域的研究与开发。这些人才的汇聚，不仅为科技创新注入了强大的智力支持，也带动了相关产业的发展。另一方面，区域经济的繁荣发展则为人才提供了丰富的物质保障和良好的生活环境，进一步增强了对人才的吸引力。同时，人才在区域经济与科技创新系统之间的流动，还促进了知识和技术的传播与交流，加速了创新成果的转化和应用。比如，一些科研人员从高校或科研机构流向企业，将其在科研过程中积累的知识和技术应用于企业的生产实践，推动了企业的技术创新和产品升级；而企业中的技术人才也会通过参与高校或科研机构的产学研合作项目，将企业的实际需求和市场信息反馈给科研人员，为科研工作提供了更具针对性的方向。

资金的流动同样至关重要。区域经济的发展为科技创新提供了充足的资金来源，企业的利润增长、政府财政收入的增加以及社会资本的积累，使得更多的资金能够投入到科技创新领域。政府通过设立科研基金、提供财政补贴和税收优惠等方式，引导资金流向科技创新项目。例如，国家自然科学基金、国家重点研发计划等为基础研究和关键技术研发提供了重要的资金支持。同时，企业也不断加大在研发方面的投入，以提升自身的创新能力和市场竞争力。据统计，华为公司每年在研发上的投入占其销售收入的比重高达10%，正是这种持续的高投入，使得华为在5G通信技术、人工智能等领域取得了一系列领先的技术成果。此外，风险投资、私募股权投资等社会资本也纷纷涌入科技创新领域，为初创型科技企业提供了重要的资金支持，促进了科技创新成果的商业化和产业化。

技术作为科技创新的核心成果，其在区域经济系统中的共享与扩散，极大地推动了产业的升级和发展。科研机构和高校的科研成果通过技术转让、技术许可、产学研合作等方式，实现了向企业的转移和应用。例如，清华大学与某企业合作，将其研发的一项先进的材料技术应用于企业的生产中，使得企业的产品性能显著提升，市场竞争力大幅增强。同时，企业也会将在生产过程中积累的技术经验和实际需求反馈给科研机构和高校，促进科研工作的进一步深入和创新。此外，技术的共享还促进了区域内企业之间的协同创新，通过建立技术联盟、产业创新平台等方式，企业之间可以共享技术资源，共同开展技术研发，实现优势互补，提高整个区域的科技创新能力和产业竞争力。

（2）产业关联与互动

科技创新与区域经济产业之间存在着紧密的关联与互动关系，它们相互促进、协同发展，共同推动区域经济的繁荣。

科技创新为催生新兴产业发挥了至关重要的作用。通过持续的科技创新活动，新的技术、工艺和产品不断涌现，为新兴产业的崛起奠定了坚实的基础。以新能源汽车产业为例，随着电池技术、智能驾驶技术等关键技术的不断突破和创新，新能源汽车产业得以迅速发展。特斯拉作为新能源汽车领域的领军企业，凭借其先进的电池技术和自动驾驶技术，引领了全球新能源汽车的发展潮流。新能源汽车产业的兴起，不仅带动了电池、电机、电控等核心零部件产业的发展，还促进了充电桩、电池回收等相关配套产业的繁荣，形成了一个庞大的产业集群。

再如，随着人工智能技术的发展，智能安防、智能家居、智能医疗等新兴产业应运而生。这些新兴产业以其高效、智能、便捷等特点，满足了人们日益增长的多样化需求，成为推动区域经济增长的新引擎。据统计，我国人工智能产业规模近年来保持着高速增长，2023年已达到数千亿元，带动了大量就业和相关产业的发展。

区域经济产业需求则是科技创新的重要驱动力。随着区域经济的发展，市场对产品和服务的需求不断升级，这促使企业加大科技创新投入，以满足市场需求。例如，随着消费者对健康和环保的关注度不断提高，市场对绿色食品、环保产品的需求日益增长。为了满足这一市场需求，企业纷纷加大在绿色食品研发、环保技术创新等方面的投入，推动了相关领域的科技创新。同时，产业的发展也为科技创新提供了丰富的应用场景和实践平台。企业在生产过程中遇到的实际问题和技术难题成为科技创新的重要课题，促使科研人员开展有针对性的研究和创新。例如，制造业企业在提高生产效率、降低生产成本、提升产品质量等方面的需求，推动了工业自动化、智能制造等领域的科技创新。

此外，科技创新还能够促进传统产业的转型升级。通过将新技术、新工艺应用于传统产业，能够提高传统产业的生产效率，降低生产成本，提升产品质量和附加值，从而增强传统产业的竞争力。例如，通过引入数字化技术，传统制造业企业实现了生产过程的智能化管理和控制，提高了生产效率和产品质量；通过应用新能源技术，传统能源企业实现了能源的清洁化生产和利用，减少了对环境的污染。

（3）空间溢出效应

在区域经济与科技创新的发展进程中，空间溢出效应是一个不可忽视的重要现象，它对周边地区的发展产生了深远的影响。

空间溢出效应主要体现在经济、技术和知识等多个层面。在经济层面，一个地区的经济发展和科技创新活动会对周边地区产生辐射带动作用。例如，中心城市的经济增长和产业发展会吸引周边地区的劳动力、资本等生产要素向其流动，从而促进中心城市的进一步发展。同时，中心城市的产业升级和结构调整也会带动周边地区的产业协同发展。以上海为例，作为我国的经济中心和科技创新高地，上海的经济发展和科技创新活动对周边的长三角地区产生了显著的空间溢出效应。上海汽车产业的发展带动了周边地区汽车零部件产业的发展，形成了完整的汽车产业链。许多周边地区的企业为上海的汽车制造企业提供零部件配套服务，实现了产业的协同发展。同时，上海的科技创新成果也通过技术转移、产业合作等方式向周边地区扩散，促进了周边地区的技术进步和产业升级。

在技术层面，技术创新成果会从创新源地区向周边地区扩散。这种扩散主要通过技术转让、技术许可、人才流动等途径实现。例如，一些高科技企业在研发出新技术后，会通过技术转让的方式将技术授权给周边地区的企业使用，从而促进周边地区企业的技术升级。同时，人才的流动也会带动技术的传播。掌握先进技术的人才从创新源地区流向周边地区，会将其所学的技术和知识带到新的地区，从而促进当地的技术创新和发展。例如，深圳的一些高科技企业的技术人才流向周边的东莞、惠州等地，为这些地区的电子信息产业发展带来了新的技术和理念，推动了当地产业的技术升级。

在知识层面，知识的传播和共享不受地域限制，能够在更广泛的空间范围内产生溢出效应。科研机构和高校的科研成果、学术论文等知识资源，通过学术交流、科研合作等方式在不同地区之间传播和共享。例如，国际学术会议、学术期刊等为科研人员提供了交流和分享知识的平台，促进了知识在全球范围内的传播。同时，科研合作项目也能够促进不同地区的科研人员共同开展研究，实现知识的共享和创新。例如，欧盟的一些科研合作项目，汇聚了多个国家的科研人员共同开展前沿科学研究，促进了知识的交流和创新，推动了区域内的科技创新发展。

空间溢出效应对于周边地区的发展具有重要意义。它能够促进区域经济的均衡发展，缩小地区之间的发展差距。通过承接中心地区的产业转移和技术扩散，周边地区可以加快自身的产业发展和技术进步，实现经济的快速增长。同时，空间溢出效应还能够促进区域内的产业协同发展，形成优势互补的产业格局。不同地区可以根据自身的资源禀赋和产业基础，发展特色产业，实现产业的协同发展，提高整个区域的产业竞争力。此外，空间溢出效应还能够促进区域内的知识共享和创新合作，提高区域的整体创新能力。通过加强区域内的科研合作和学术交流，不同地区的科研人员可以共同攻克技术难题，推动科技创新的发展。

2.4　强化耦合机制的策略建议

（1）政策引导与支持

政府在促进区域经济与科技创新耦合发展中扮演着至关重要的角色，应通过制定一系列科学合理、切实可行的政策措施，为两者的协同共进提供有力的引导与支持。

在财政补贴方面，政府可设立专项科技发展基金，加大对科技创新项目的直接资金投入。例如，对处于研发阶段的高科技企业给予研发补贴，帮助企业分担研发成本，降低创新风险，鼓励企业积极开展科技创新活动；同时，对于积极将科技创新成果转化为实际生产力，并取得显著经济效益的企业给予成果转化补贴，以激励企业加快科技成果的产业化进程；此外，还可以针对科技创新的不同环节，如基础研究、应用研究、技术开发等，制定差异化的财政补贴政策，确保资金能够精准地投入到最需要的领域。

税收优惠政策也是促进区域经济与科技创新耦合发展的重要手段。政府可以对科技创新企业实施税收减免政策。例如，对高新技术企业减按较低的税率征收企业所得税，对企业研发投入给予加计扣除优惠，即企业在计算应纳税所得额时，可以将研发费用按照一定比例加计扣除，从而减少应纳税额。对于企业购买用于科技创新的设备和仪器，可以实行加速折旧政策，允许企业在较短的时间内将设备和仪器的成本折旧完毕，从而减少企业的当期税负，增加企业的现金流，为企业的科技创新提供资金支持。

产业政策的引导作用同样不可忽视。政府应结合区域经济发展规划和产业特色，制定明确的产业发展导向，鼓励企业加大在新兴产业和战略性产业领域的科技创新投入。例如，对于新能源、人工智能、生物医药等具有广阔发展前景的产业，政府可以通过产业政策引导企业集聚发展，形成产业集群，促进产业内企业之间的技术交流与合作，提高产业的整体创新能力。同时，政府还可以通过产业政策支持传统产业的转型升级，鼓励传统企业采用新技术、新工艺、新设备，提高生产效率和产品质量，实现产业的创新发展。

（2）创新平台建设

搭建多元化、多层次的创新平台，是促进区域经济与科技创新要素融合与协同创新的关键举措。

产学研合作平台的建设至关重要。政府应积极引导企业、高校和科研机构加强合作，建立产学研合作联盟、产业技术创新战略联盟等合作组织。通过这些合作组织，企业可以及时了解高校和科研机构的最新科研成果，高校和科研机构也能够深入了解企业的实际需求，从而实现科技成果与市场需求的有效对接。例如，高校和科研机构可以与企业共同承担科研项目，联合开展技术研发，共享科研资源和成果。在合作过程中，高校和科研机构的科研人员可以深入企业，将科研成果应用于企业的生产实践，解决企业的技术难题；企业的技术人员也可以参与高校和科研机构的科研项目，为科研工作提供实际案例和数据支持，促进科研成果的实用性和可转化性。

科技成果转化平台的建设也是不可或缺的。政府可以设立科技成果转化服务中心、技术交易市场等平台，为科技成果的转化提供全方位的服务。这些平台可以提供科技成果信息发布、技术评估、技术咨询、技术交易等服务，帮助科技成果的供需双方实现有效对接。同时，平台还可以引入专业的科技中介服务机构，如知识产权代理机构、科技金融服务机构等，为科技成果转化提供知识产权保护、融资担保、风险投资等服务，解决科技成果转化过程中的资金、技术、市场等问题，加速科技成果的产业化进程。

此外，还应加强科技企业孵化器、众创空间等创新创业平台的建设。这些平台可以为初创型科技企业提供办公场地、设备设施、创业辅导、融资对接等一站式服务，降低创业成本，提高创业成功率。政府可以通过财政补贴、税收优惠等政策，鼓励社会资本参与创新创业平台的建设和运营，吸引更多的创新创业人才和项目入驻平台，营造良好的创新创业氛围。

（3）人才培养与引进

创新型、复合型人才是实现区域经济与科技创新耦合发展的核心要素，因此，培养和引进高素质人才具有重要的战略意义。

在人才培养方面，高校和职业院校应发挥主体作用。高校应根据区域经济发展和科技创新的需求，优化专业设置，加强跨学科人才培养。例如，开设人工智能与金融、生物医学与信息技术等跨学科专业，培养具备多学科知识和技能的复合型人才。同时，高校还应加强实践教学环节，与企业建立紧密的合作关系，为学生提供实习和实践机会，提高学生的实践能力和创新能力。职业院校则应注重培养技术技能型人才，根据市场需求，开设相关专业课程，加强实践教学，培养学生的实际操作能力和职业素养。

企业也应积极参与人才培养。企业可以与高校、职业院校开展合作，建立人才培养基地，共同制定人才培养方案，为企业培养定制化的人才。例如，企业可以为学生提供实习岗位和实践项目，让学生在实践中了解企业的生产经营和技术需求，提高学生的就业竞争力。同时，企业还可以开展内部培训，为员工提供继续教育和职业发展机会，提升员工的专业技能和综合素质。

在人才引进方面，政府应制定优惠政策，吸引国内外优秀人才。例如，提供住房补贴、子女教育优惠、科研启动资金等政策，以解决人才的后顾之忧。同时，政府还可以建立人才服务平台，为人才提供一站式服务，包括人才落户、社保办理、职称评定等，提高人才的满意度和归属感。企业也应积极引进高层次人才和创新团队，通过高薪聘请、股权期权激励等方式，吸引优秀人才加入企业，为企业的科技创新和发展提供智力支持。

3 平台经济学与科技创新

在当今经济全球化和科技飞速发展的时代，区域科技创新能力已成为衡量一个地区竞争力的关键指标。而平台经济学作为一门新兴的经济学理论，为区域科技创新平台的构建提供了重要的理论支撑，在区域科技创新中发挥着举足轻重的作用。平台经济学关注平台在经济活动中的独特地位和作用，探讨平台如何通过连接不同的经济主体，促进资源的优化配置和价值的创造与传递。在科技创新领域，平台经济学的应用能够打破传统创新模式的局限，整合各方资源，加速创新进程，提升创新效率和效果。

随着信息技术的迅猛发展，科技创新活动日益呈现出复杂性和开放性的特点。传统的科技创新模式往往局限于单个企业或科研机构内部，资源分散，创新效率低下。而平台经济学的出现，为解决这些问题提供了新的思路和方法。通过构建区域科技创新平台，以平台为核心，整合政府、企业、高校、科研机构等多元主体的资源，形成协同创新的生态系统。在这个生态系统中，各主体之间通过平台实现信息共享、资源互补、合作共赢，从而推动科技创新活动的高效开展。

3.1 平台经济学基础理论剖析

（1）平台经济学的核心概念

平台经济学是一门研究平台在经济活动中的作用、运行机制以及竞争策略的新兴经济学理论。其核心概念包括平台、双边市场和网络效应。平台是一种现实或虚拟的交易空间或场所，它能够促成双方或多方客户之间的交易，并通过收取费用或赚取差价来获得收益。像电商平台淘宝，连接了众多商家和消费者，为双方提供交易场所和相关服务，促成商品买卖，淘宝则通过收取商家的技术服务年费、交易佣金等获取收益。

双边市场是平台经济学的重要概念，它涉及两组不同类型的用户，这两组用户通过平台进行交互，并且一组用户加入平台的收益取决于另一组用户的数量。在电商平台中，商家希望有更多消费者访问平台，以增加销售机会；消费者也期望平台上有更多商家入驻，提供丰富多样的商品选择，以满足不同的消费需求。两组用户相互依存，共同促进平台的繁荣发展。

网络效应是平台经济学的关键特征之一。在平台环境下，随着用户数量的增加，平台的价值也会相应提升，这就是网络效应的体现。以社交平台微信为例，随着用户数量的不断增多，微信不仅可以为用户提供更多的社交机会，还能吸引更多的企业和机构入驻，推出诸如微信支付、小程序等丰富多样的服务和功能，从而极大地提升了平台的价值和用户的使用体验。网络效应使得平台在市场竞争中具有独特的优势，能够吸引更多的用户和资源，形成强者愈强的局面。

（2）平台经济学的独特属性

平台具有显著的网络外部性，这是其区别于传统经济模式的重要属性。网络外部性意味着平台一边用户数量的增加，会使另一边用户的价值提升。以网约车平台为例，当平台上的司机数量增多时，乘客能够更快速地叫到车，出行更加便捷，从而提高了乘客对平台的满意度和使用频率；反之，乘客数量的增加也会为司机带来更多的订单，增加司机的收入，从而吸引更多司机加入平台。这种网络外部性促使平台不断扩大用户规模，以实现价值最大化。

规模经济也是平台的重要特性。随着平台用户数量的增加和业务规模的不断扩大，平台的平均成本会逐渐降低，收益则会不断增加。大型电商平台凭借庞大的用户基础，可以与供应商进行更有利的谈判，获取更低的采购价格，同时通过大规模的物流配送降低单位物流成本。规模经济使得平台在市场竞争中具有更强的成本优势，能够提供更具竞争力的价格和服务，进一步巩固其市场地位。

平台还具备范围经济的属性。平台可以通过拓展业务范围，为用户提供多样化的产品和服务，从而实现协同效应，降低成本，提高效益。例如，互联网巨头腾讯，其业务涵盖了社交网络、游戏、金融科技、在线视频等多个领域。通过整合不同业务之间的资源和用户，腾讯能够实现协同发展，降低运营成本，提高用户粘性和市场竞争力。腾讯利用微信庞大的用户基础，推广微信支付、腾讯游戏等业务，实现了不同业务之间的相互促进和协同增长。

3.2　平台经济学在科技创新中的应用

（1）推动创新资源的高效汇聚

区域科技创新平台犹如一块强大的磁石，凭借其独特的优势和广泛的影响力，吸引着各类创新资源源源不断地汇聚。

在人才资源方面，平台通过提供丰富的项目机会、优质的科研环境以及广阔的发展空间，吸引了来自不同领域、不同地区的高端创新人才。以深圳的高新技术产业创新平台为例，众多国内外顶尖高校和科研机构的优秀人才被吸引至此，他们在平台上充分发挥自己的专业特长，为科技创新注入了强大的智力支持。

在资金方面，平台的开放性和创新性吸引了各类投资机构的关注。风险投资、私募股权投资等纷纷涌入，为科技创新项目提供了充足的资金保障。同时，政府也通过设立专项基金、提供财政补贴等方式，引导资金流向平台上的创新企业和项目。例如，中关村科技创新平台得到了政府的大力支持，众多创新企业获得了政府的资金扶持，得以在技术研发和产品创新方面取得突破。

在技术资源方面，平台整合了高校、科研机构以及企业的先进技术，实现了技术的共享与交流。企业可以在平台上获取前沿的科研成果，加速自身的技术升级；高校和科研机构也能通过平台了解市场需求，将科研成果更好地转化为实际生产力。如长三角地区的科技创新平台，通过与高校和科研机构紧密合作，整合了大量先进技术资源，推动了区域内产业的技术创新和升级。

（2）激发创新主体的协同合作

区域科技创新平台打破了传统创新主体之间的壁垒，促进了企业、高校、科研机构等主体间的深度合作。在平台的支持下，企业能够与高校、科研机构建立长期稳定的合作关系，共同开展技术研发、人才培养等活动。例如，华为公司与多所高校和科研机构合作，在5G通信技术、人工智能等领域开展联合研究，取得了一系列重要的创新成果。通过合作，企业能够充分利用高校和科研机构的科研力量，提升自身的技术创新能力；高校和科研机构也能通过与企业的合作，将科研成果转化为实际产品，实现科研价值的最大化。

平台还通过组织各类创新活动，如创新创业大赛、技术研讨会等，为创新主体提供了交流与合作的机会。在这些活动中，不同创新主体能够相互学习、相互启发，共同探索创新的路径和方法。例如，每年举办的中国创新创业大赛吸引了众多企业、高校和科研机构的参与，为创新主体提供了展示创新成果和交流合作的平台，激发了全社会的创新活力。

（3）促进创新成果的转化与扩散

区域科技创新平台在加速科技成果转化和推动创新成果广泛应用方面发挥着重要作用。平台通过建立完善的科技成果转化服务体系，为科研成果与市场需求之间搭建了桥梁。平台提供技术评估、知识产权交易、成果推广等一站式服务，帮助科研人员将科研成果快速推向市场。例如，成都的科技创新平台成立了专门的科技成果转化服务机构，为科研成果的转化提供全方位的支持，促进了大量科研成果在当地落地生根。

平台还通过与企业的紧密合作，加速创新成果的产业化应用。企业能够快速获取平台上的创新成果，并将其应用到产品研发和生产中，提高产品的竞争力。同时，平台通过推广创新成果，引导行业内其他企业学习和借鉴，推动创新成果在整个行业的扩散和应用。如新能源汽车领域的科技创新平台，通过与汽车制造企业的合作，加速了新能源汽车技术的产业化应用，推动了整个新能源汽车行业的发展。

3.3　未来平台经济学的发展方向

未来，平台经济学在科技创新中的应用将呈现出更加多元化和深入的发展趋势。随着人工智能、大数据、区块链等新兴技术的不断发展，平台将能够更加精准地分析用户需求，实现创新资源的个性化配置。通过人工智能算法，平台可以根据用户的历史行为和偏好，为其推荐最适合的创新项目和合作伙伴，提高创新的成功率。

平台经济学将更加注重跨领域、跨区域的合作与协同创新。随着经济全球化的深入发展，科技创新不再局限于某个地区或领域，而是需要全球范围内的资源整合和协同合作。未来的区域科技创新平台将打破地域和行业的界限，实现全球创新资源的共享与流动，推动科技创新的全球化发展。例如，通过建立国际科技创新合作平台，促进不同国家和地区的科研机构、企业之间的合作，共同攻克全球性的科技难题。

从长期来看，平台经济学对区域科技创新和经济发展将产生深远的影响。平台经济学的应用将加速区域创新体系的完善和升级，提高区域的创新能力和竞争力。构建区域科技创新平台，整合各类创新资源，形成协同创新的生态系统，将推动区域内产业的技术创新和升级，促进产业结构的优化调整，实现经济的高质量发展。平台经济学还将促进区域间的协调发展。通过平台的连接和辐射作用，发达地区的创新资源和经验可以向欠发达地区扩散，带动欠发达地区的科技创新和经济发展，缩小区域间的发展差距。同时，平台经济学的发展也将催生新的产业和业态，创造更多就业机会，提高居民的收入水平，促进社会和谐稳定。

第四章

区域科技创新平台的功能与服务

    区域科技创新平台是一个将区域内的高校、科研机构、企业、政府等各类创新主体紧密联系在一起的综合性网络体系。通过整合人才、技术、资金、信息等创新资源，区域科技创新平台为创新活动提供全方位的支持与服务，在区域创新体系中占据着举足轻重的地位。

    以中关村为例，这里汇聚了众多知名高校和科研院所，如清华大学、北京大学等，同时也有大量高新技术企业在此扎根发展，如百度、字节跳动等。这些创新主体在中关村科技创新平台的作用下，实现了高效的资源共享与协同创新。高校和科研院所的前沿研究成果能够迅速传递给企业，企业则将市场需求反馈给科研机构，促进科研成果的转化和应用。这种紧密的合作关系，使得中关村成为我国科技创新的高地，为区域经济发展注入了强大动力。区域科技创新平台的重要性不言而喻，它是区域创新的核心枢纽，是推动科技成果转化、促进产业升级、培育创新人才的重要载体。那么，它究竟具备哪些强大的功能，又能为创新主体提供哪些优质的服务呢？

1　核心功能

1.1　技术研发

    区域科技创新平台是区域技术研发的核心阵地，汇聚了来自高校、科研机构和企业的优秀科研人才，形成了强大的科研力量。通过整合各方资源，平台能够开展前沿技术研究，突破关键技术瓶颈，为区域的技术革新提供源源不断的动力。

以深圳的高新技术产业为例，深圳的科技创新平台吸引了大量国内外顶尖科研人才和团队，如华为、腾讯等企业在这些平台的支持下，投入大量资源进行5G通信、人工智能、云计算等前沿技术的研发。华为在5G技术领域的研发成果，不仅推动了我国通信技术的领先发展，也为全球5G产业的发展做出了重要贡献。这些平台还积极与高校和科研机构合作，共同承担国家和地方的重大科研项目，加速科技成果的转化和应用。通过产学研合作，科研成果能够更快地从实验室走向市场，实现技术的商业化应用，推动区域产业的升级和发展。

1.2　技术转移：成果转化的高速通道

技术转移是区域科技创新平台的重要功能之一，致力于促进科技成果从实验室到市场的转化，将科研成果转化为现实生产力。平台通过建立完善的技术转移服务体系，搭建科研机构与企业之间的桥梁，加速科技成果的产业化进程。

成都在科技成果转化方面有着许多成功的案例。成都的科技创新平台通过与高校、科研机构合作，建立了技术转移中心，为科研成果的转化提供全方位的服务。例如，四川大学研发的微波等离子体清洗技术，通过成都科技服务集团有限公司技术经理人的牵线搭桥，成功应用于成都泰美克晶体技术有限公司，解决了企业在生产过程中的清洗难题，提升了生产效率。这一成果的转化，不仅为企业带来了经济效益，也推动了相关产业的技术升级。平台还通过举办技术成果推介会、项目对接会等活动，为科研机构和企业提供交流合作的机会，促进技术供需双方的有效对接。同时，平台还提供技术评估、知识产权交易、法律咨询等服务，为技术转移提供保障，降低技术转移的风险和成本。

1.3　人才培养：创新人才的孵化摇篮

区域科技创新平台是创新人才培养的重要基地，它整合高校、科研机构和企业等各方资源，构建了多元化的人才培养体系，为区域创新提供了坚实的智力支持。

南京的"扬子江菁英计划"就是一个很好的例子。该计划推进"政产学研用"协同模式创新，联合高校、科研机构和企业，共同培养创新型人才。

自实施以来，该计划已联合培养了120名研究生，其中65%以上的研究生成功进入行业龙头企业就业。这些人才在企业中发挥了重要作用，为企业的技术创新和发展提供了有力支持。平台还通过举办各类培训、讲座、学术交流活动等，为人才提供学习和交流的机会，拓宽人才的视野，提升人才的创新能力和综合素质。同时，平台还注重人才引进，通过制定优惠政策，吸引国内外优秀人才到区域内创新创业，为区域的发展注入新的活力。

1.4 创业孵化：初创企业的成长土壤

对于初创企业来说，区域科技创新平台是它们成长的土壤。平台为创业企业提供了丰富的资源和全方位的支持，帮助企业解决创业过程中遇到的各种问题，助力企业快速成长。

以内蒙古自治区呼和浩特市赛罕区的蒙科聚平台金桥"双创"创新集聚区为例，这里为创业企业提供了创新创业场地及公共服务配套设施，完善了驻园企业职工的生活服务配套。同时，通过智慧园区公共服务平台实现智慧运营管理，提高办公效率和服务质量。还搭建了丁香技能人才公共服务平台，实现人才培养的数字化、智慧化。此外，集聚区还整合资源，链接优质第三方服务，打通企业获取政务、金融服务的壁垒，为企业提供了一站式、多元化、精细化的"保姆式"专业服务。在这样的支持下，许多初创企业在这里茁壮成长，如星智孵化园成功孕育了30余家新兴企业，涵盖智能机器人、新能源、新材料等多个前沿领域。平台还为创业企业提供创业辅导、市场推广、融资对接等服务，帮助企业提升市场竞争力，获得发展所需的资金支持；通过举办创业大赛、创业训练营等活动，激发创业者的创新热情和创业精神，营造良好的创业氛围。

1.5 信息服务：创新资讯的智慧中枢

区域科技创新平台是创新资讯的智慧中枢，它整合了各类科技信息资源，为创新主体提供及时、准确、全面的信息服务。通过建立科技信息数据库、情报分析系统等，平台能够收集、整理和分析国内外科技动态、政策法规、市场需求等信息，并将这些信息及时传递给创新主体，为创新决策提供依据。

在当今信息爆炸的时代，科技信息瞬息万变。区域科技创新平台通过与国内外知名科技信息机构合作，建立了广泛的信息采集渠道，确保能够获取最新的科技信息。同时，平台还利用大数据、人工智能等技术，对海量的科技信息进行筛选、分析和挖掘，为创新主体提供有价值的信息服务。例如，平台可以根据企业的需求，为企业提供行业技术发展趋势分析、竞争对手信息分析等服务，帮助企业把握市场机遇，制定科学的发展战略。平台还通过举办信息发布会、专题讲座等活动，为创新主体提供面对面的信息交流和咨询服务，促进信息的共享和利用。

2 服务特征与流程优化

2.1 服务类型

区域科技创新平台类型丰富多样，不同类型的平台在功能定位、服务对象和运作模式上存在差异。常见的类型包括以下几种。

（1）研发中心

专注于技术研发，汇聚了大量高端科研人才和先进科研设备，致力于开展基础研究、应用研究和关键技术研发，为产业发展提供技术源头支持。例如，华为在全球设立的多个研发中心，不断投入研发资源，在通信技术、芯片技术等领域取得了众多关键技术突破，为华为的技术领先和产品创新奠定了坚实基础。

（2）孵化器

主要面向初创科技企业，提供创业场地、资金扶持、创业辅导等服务，帮助创业者将创新想法转化为实际产品或服务，并实现企业的初步成长和发展。像硅谷著名的孵化器 Y Combinator，通过提供种子资金、创业培训和资源对接等服务，培育出了 Dropbox、Airbnb 等一批全球知名的创新企业。

（3）加速器

针对已经度过初创期、具有一定发展潜力的企业，提供加速成长的服务，包括市场拓展、资本对接、技术升级等，助力企业快速扩大规模和提升竞争力。例如，某加速器平台为一家从事智能制造的企业提供了市场渠道拓展和融资服务，帮助企业在短时间内实现了业务快速增长，成功进入资本市场。

（4）产业技术创新联盟

由产业链上下游企业、高校、科研机构等组成的合作组织，围绕产业关键共性技术开展联合攻关，促进产业技术创新和协同发展，实现资源共享和优势互补。例如，中国5G产业技术创新联盟汇聚了众多通信企业、科研机构和高校，共同推动5G技术的研发、标准制定和产业应用，加速了我国5G产业的发展进程。

（5）众创空间

为创业者提供开放、共享的创新创业空间，鼓励大众创业、万众创新，营造创新创业氛围，促进创新创意的交流与碰撞。例如，北京的3W咖啡众创空间，不仅提供了办公场地和基础服务设施，还定期举办创业分享会、项目路演等活动，吸引了大量创业者在此聚集，形成了良好的创新创业生态。

2.2　服务特征

区域科技创新平台的服务具有开放性、共享性、专业性、集成性、定制性和灵活性等特征，这些特征相互作用，共同提升了服务的质量和效果。

（1）开放性

开放性是区域科技创新平台服务的重要特征之一。平台打破了传统创新主体之间的壁垒，向各类创新主体开放，包括企业、高校、科研机构、创业者等。不同的创新主体可以在平台上自由交流、合作，共享创新资源和成果。这种开放性促进了创新要素的流动和整合，激发了创新活力。一些区域科技创新平台建立了线上创新社区，创新主体可以在社区中发布需求、分享经验、开展合作，实现了创新资源的跨区域、跨领域流动。

（2）共享性

共享性是平台服务的又一个重要特征。平台整合了各类创新资源，如科研设备、科技成果、人才资源等，实现了资源的共享。通过共享，提高了资源的利用效率，降低了创新成本。以科研设备共享为例，企业和科研机构可以通过平台共享大型科学仪器设备，避免重复购置，提高设备的使用效率。平台还促进了科技成果的共享，通过技术转移服务，将高校和科研机构的科研成果向企业推广应用，实现了科技成果的价值最大化。

（3）专业性

专业性是区域科技创新平台服务的核心竞争力。平台拥有一批专业的服务团队，包括技术专家、科技金融专家、知识产权专家等，能够为创新主体提供专业的服务。在技术研发支持方面，技术专家能够为企业和科研机构提供技术咨询、技术指导等服务，帮助解决技术难题；在科技金融服务方面，金融专家能够根据企业的需求，提供个性化的融资方案和金融服务。平台还与专业的服务机构合作，如律师事务所、会计师事务所等，为创新主体提供全方位的专业服务。

（4）集成性

集成性体现在平台整合了多种服务功能，形成了一个完整的服务体系。平台不仅提供技术研发、成果转化、人才培养等核心服务，还提供科技金融、信息咨询、知识产权保护等配套服务。通过集成化的服务，创新主体可以在平台上获得一站式的服务，提高了服务效率和便利性。一些区域科技创新平台建立了综合服务大厅，将各类服务集中在一起，为创新主体提供便捷的服务。

（5）定制性

定制性是指平台根据不同服务对象的需求，提供个性化服务。由于不同的企业、高校和科研机构以及创业者在规模、发展阶段、需求等方面存在差异，平台能够根据其特点量身定制服务方案。对于大型企业，平台可以提供高端技术研发合作、战略咨询等服务；对于初创企业，平台则侧重于提供创业辅导、资金支持等基础服务。这种定制化服务能够更好地满足服务对象的需求，提高服务的针对性和有效性。

（6）灵活性

灵活性是指平台能够根据市场需求和创新环境的变化，及时调整服务内容和运作模式，快速响应创新主体的多样化需求，具有较强的适应性和应变能力。例如，在面对市场对人工智能技术需求的快速增长时，一些区域科技创新平台迅速调整战略布局，增加人工智能领域的服务内容和资源投入，吸引了大量相关企业和项目入驻。

2.3　服务过程与流程优化

区域科技创新平台的服务过程通常包括需求对接、服务提供、效果评估等环节。

在需求对接环节，平台通过多种方式了解服务对象的需求，如问卷调查、实地走访、线上交流等。通过对需求的收集和分析，平台能够准确把握服务对象的痛点和需求点，为后续的服务提供环节提供依据。

在服务提供环节，平台根据需求对接的结果，组织专业的服务团队，为服务对象提供相应的服务。在技术研发支持服务中，平台会根据企业的技术需求，组织高校和科研机构的专家团队开展联合研发；在科技金融服务中，平台会根据企业的融资需求，为其推荐合适的金融机构和融资产品。

效果评估是服务过程中的重要环节。平台通过建立科学的评估指标体系，对服务的效果进行评估。评估指标包括服务对象的满意度、服务成果的转化率、企业的创新能力提升度等方面。通过效果评估，平台可以了解服务的质量和效果，发现存在的问题和不足，为服务流程的优化提供依据。

在实际服务过程中，可能存在一些问题和瓶颈。如服务流程烦琐，导致服务效率低下；服务信息不对称，服务对象难以获取准确的信息；服务质量参差不齐，影响服务效果等。为了优化服务流程，提高服务效率和满意度，平台可以采取以下策略和措施。

一是简化服务流程，减少不必要的环节和手续。平台可以通过信息化手段，实现服务流程的在线化和自动化，提高服务效率。建立线上服务平台，服务对象可以在线提交需求、查询服务进度、反馈意见等，实现服务的便捷化。

二是加强服务信息的公开和共享，建立服务信息发布平台，及时发布服务内容、服务流程、服务机构等信息，让服务对象能够全面了解平台的服务。平台还可以建立服务信息推送机制，根据服务对象的需求和偏好，推送个性化的服务信息。

三是建立服务质量监管机制，加强对服务机构和服务人员的管理和监督；制定服务质量标准和规范，对服务过程和服务结果进行严格的考核和评估；对服务质量优秀的机构和人员进行表彰和奖励，对服务质量不达标的进行整改和处罚，以提高服务质量和水平。

3　多元服务全解析

3.1　政策咨询与申报服务:政策红利的精准导航

在科技创新的道路上,政策的支持就如同指南针,为企业指引方向。区域科技创新平台深知这一点,因此,它积极为企业提供全面、精准的政策咨询服务。平台的专业团队时刻关注国家和地方的科技政策动态,深入研究政策内容,确保能够准确把握政策的核心要点和适用范围。

对于企业来说,面对纷繁复杂的政策文件,往往会感到无从下手。平台的政策咨询服务就像是一把钥匙,为企业打开了政策解读的大门。平台通过举办政策宣讲会、专题讲座等活动,邀请政策制定者和专家为企业详细解读政策内容,帮助企业了解政策的制定背景、目标和具体措施。同时,平台还为企业提供一对一的政策咨询服务,根据企业的实际情况,提供个性化的政策建议,帮助企业找到最适合其发展的政策支持。

除了政策咨询,平台还为企业提供申报指导服务。申报科技项目和政策补贴是一项复杂的工作,需要企业准备大量材料,并且要严格按照申报流程进行操作。平台的申报指导服务能够帮助企业解决这些问题,提高申报的成功率。平台的专业人员会指导企业准备申报材料,确保材料的完整性和准确性。同时,平台还会帮助企业了解申报流程,提醒企业注意申报时间和关键节点,避免因疏忽而导致申报失败。

以南京江北新区生物医药公共服务平台为例,该平台为园区内的生物医药企业提供了全方位的政策咨询和申报指导服务。在国家高新技术企业认定政策出台后,平台迅速组织了政策宣讲会,邀请专家为企业详细解读认定条件和申报流程。同时,平台还为企业提供一对一的辅导服务,帮助企业准备申报材料。在平台的帮助下,园区内多家企业成功认定为国家高新技术企业,享受到了税收优惠、资金扶持等政策红利。这些企业在政策的支持下,加大了研发投入,提升了创新能力,实现了快速发展。

3.2　融资服务:创新发展的资金后盾

资金是企业创新发展的血液,对于科技创新企业来说,资金支持尤为重要。区域科技创新平台积极搭建融资渠道,为企业提供多元化的融资服务,解决企业创新过程中的资金难题。

　　平台与各类金融机构建立了紧密的合作关系，包括银行、风险投资机构、私募股权投资机构等。通过与这些金融机构合作，平台为企业提供了丰富的融资选择。对于处于初创期的企业，平台会推荐风险投资机构和天使投资基金，帮助企业获得早期的资金支持。对于发展较为成熟的企业，平台会协助企业与银行等金融机构对接，获取贷款等债权融资。同时，平台还会组织企业参加各类融资对接活动，如项目路演、资本对接会等，为企业和投资机构搭建面对面交流的平台，促进双方的合作。

　　在融资服务方面，苏州工业园区的做法值得借鉴。苏州工业园区的科技创新平台建立了完善的科技金融服务体系，为企业提供了全方位的融资服务。平台设立了科技信贷风险补偿资金池，与银行合作推出了"科贷通"等金融产品，为科技型中小企业提供低息贷款。同时，平台还设立了产业引导基金，引导社会资本投向科技创新领域。通过这些措施，苏州工业园区的科技创新平台为企业提供了充足的资金支持，促进了企业的创新发展。许多企业在平台的帮助下，成功获得了融资，实现了技术突破和产品升级，逐渐成长为行业的领军企业。

3.3　技术咨询与服务：技术难题的破解利器

　　在科技创新的过程中，企业往往会遇到各种技术难题。区域科技创新平台汇聚了众多领域的专家和技术人才，能够为企业提供专业的技术咨询和服务，帮助企业解决技术难题，提升技术水平。

　　平台建立了专家库，涵盖了各个领域的专家和学者。当企业遇到技术问题时，平台会根据企业的需求，从专家库中筛选出合适的专家，为企业提供一对一的技术咨询服务。专家们会深入了解企业的技术问题，运用自己的专业知识和经验，为企业提供解决方案。同时，平台还会组织专家团队对企业进行实地考察和指导，帮助企业解决实际生产中的技术问题。

　　除了技术咨询，平台还为企业提供技术研发、技术转移、技术培训等服务。平台与高校、科研机构合作，共同开展技术研发项目，帮助企业突破关键技术瓶颈。平台还会帮助企业引进先进的技术和设备，促进企业的技术升级。同时，平台还会为企业提供技术培训服务，提升企业员工的技术水平和创新能力。

以西安高新区的科技创新平台为例，该平台为区内企业提供了全方位的技术咨询和服务。某企业在研发过程中遇到了一项关键技术难题，平台得知后，迅速组织了相关领域的专家为企业提供技术咨询服务。专家们经过深入研究和讨论，为企业提供了一套可行的解决方案。在专家的指导下，企业成功攻克了技术难题，顺利完成了研发任务。该企业还通过平台与高校合作，开展技术研发项目，提升了自身的技术水平和创新能力。

3.4　成果展示与推广服务：创新成果的闪耀舞台

创新成果的展示与推广是实现科技成果转化的重要环节。区域科技创新平台为创新主体提供了成果展示与推广服务，帮助创新主体将创新成果推向市场，提高成果的知名度和应用率。

平台通过举办各类科技成果展览、创新大赛、技术交流会等活动，为创新主体提供展示创新成果的平台。这些活动吸引了众多企业、投资机构、科研人员等参与，为创新成果的推广和应用创造了良好的条件。在活动中，创新主体可以展示自己的创新成果，与其他企业和机构进行交流合作，寻求技术转移和产业化的机会。

平台还利用互联网、社交媒体等渠道，对创新成果进行广泛宣传和推广。平台建立了科技成果数据库和信息发布平台，及时发布创新成果的相关信息，提高成果的曝光度。同时，平台还通过与媒体合作，对优秀的创新成果进行专题报道，扩大成果的影响力。

以合肥高新技术产业开发区的科技创新平台为例，该平台通过举办"中国（安徽）科技创新成果转化交易会"等活动，为区内企业提供了展示创新成果的平台。在交易会上，企业可以展示自己的最新产品和技术成果，与来自全国各地的企业和机构进行交流合作。平台还利用互联网平台，对交易会上的优秀成果进行线上展示和推广，吸引了大量关注和合作意向。许多企业通过平台的成果展示与推广服务，成功将创新成果推向市场，实现了产业化应用，取得了良好的经济效益和社会效益。

4　典型案例深度剖析

4.1　中关村:中国创新的前沿阵地

在中国,中关村无疑是科技创新的前沿阵地。中关村位于北京市海淀区,聚集了清华大学、北京大学等众多知名高校和科研机构,是我国科技创新资源最为密集的区域之一。

政府的大力支持是中关村发展的重要保障。政府出台了一系列优惠政策,如税收优惠、资金扶持、人才政策等,为企业的创新发展创造了良好的环境。在税收优惠方面,高新技术企业可以享受15%的企业所得税优惠税率,研发费用还可以加计扣除。在资金扶持方面,政府设立了多种专项资金,如中关村自主创新专项资金、科技成果转化资金等,支持企业开展技术研发和成果转化。在人才政策方面,政府为高层次人才提供了落户、住房、子女教育等方面的优惠政策,吸引了大量优秀人才来到中关村创新创业。

中关村的科技创新平台还提供了丰富多样的服务功能。以国际科技创新中心网络服务平台(以下简称"京科"平台)为例,它引入新技术、新理念、新媒介,及时准确地传递科技创新领域最新、最热的前沿动态,多维度展示北京国际科技创新中心和中关村国家自主创新示范区的建设成效,并汇聚科技创新主体最关注、最需要的各类科创服务资源。"京科"平台打造了科创服务矩阵,形成资讯、展示、服务三大板块,以及科创指数、科创热榜、科创地图、科创日历等十余项原创特色功能,可为各类科创主体提供权威、全面、及时、高效、便捷的服务。平台还打通各类数据"烟囱"和"孤岛",向企业全面整合开放"找空间、找政策、找资金、找成果、找科研设施、找合作"等六大系列,共计4.5万条高价值的"独家"科创服务资源,形成集聚效应。通过这些服务,中关村的科技创新平台为企业提供了全方位的支持,助力企业快速发展。

4.2　赛罕区蒙科聚平台:特色孵化的创新典范

赛罕区的蒙科聚平台在区域科技创新中也有着出色的表现,堪称特色孵化的创新典范。蒙科聚平台金桥"双创"创新集聚区依托星智孵化园、荟智创业园、数智产业园的项目、企业及人才集聚优势,以项目孵化、人才培养、活动赋能、创新驱动为核心要义，全力服务金山高新技术产业开发区和航天经济开发区的科技创新工作，影响力辐射至赛罕区全域。

在人才培养方面，蒙科聚平台建立了人工智能人才应用实训基地，与多所高校及科研机构深度合作，为区域科技创新提供了坚实的人才支撑。平台还联动高校，打造创新创业示范基地，组建创业专家指导服务团队，为企业提供全方位的智囊服务。通过这些举措，蒙科聚平台培养了大量创新型人才，为企业的发展提供了人才保障。

在企业孵化方面，星智孵化园布局"蒙科聚"创新驱动平台的核心要素，建设了科技成果展示区、合作交流区以及内蒙古"智改数转"创新融合中心，成功孕育了30余家新兴企业，涵盖智能机器人、新能源、新材料等多个前沿领域。荟智创业园持续完善"蒙科聚"综合服务功能，通过开展项目路演等活动，培育多家优质服务机构，聚焦科技研发、技术交易等工作，为创业企业提供低成本、便利化、专业化的服务。数智产业园构建全过程创新生态链，打造创新型科技企业集聚区，大力发展数据中心上下游产业，为区域经济发展注入新的动力。蒙科聚平台还为企业提供基础设施服务、智慧平台服务、第三方专业服务等一站式、多元化、精细化的"保姆式"专业服务，帮助企业解决发展过程中遇到的各种问题，助力企业茁壮成长。

4.3　硅谷：科技创新的重要集群

硅谷位于美国加利福尼亚州北部，以斯坦福大学为核心，汇聚了众多顶尖高校和科研机构，如加州大学伯克利分校等。这些高校和科研机构为硅谷提供了源源不断的创新人才和前沿技术。

风险投资是硅谷成功的关键因素之一。在硅谷，风险投资机构活跃，它们愿意为有潜力的初创企业提供资金支持。以红杉资本为例，它投资了众多知名科技企业，如苹果、谷歌、雅虎等。这些企业在风险投资的助力下迅速发展壮大，成为行业的领军者。风险投资不仅为企业提供了资金，还带来了丰富的行业资源和管理经验，帮助其快速成长。

产学研结合也是硅谷的一大特色。斯坦福大学与企业之间建立了紧密的合作关系，形成了良性的创新循环。学校的科研成果能够迅速转化为实际产品，企业则将市场需求反馈给学校，促进科研的进一步发展。例如，斯坦福大学的科研人员研发出了集成电路技术，这一技术迅速被仙童半导体公司采用，推动了半导体产业的发展。仙童半导体公司的成功又吸引了更多的人才和企业聚集在硅谷，形成了产业集群效应。硅谷还拥有独特的创业文化，鼓励冒险，容忍失败。在这里，创业者们勇于尝试新的想法和技术，即使失败了也能迅速调整，再次出发。这种文化氛围激发了创新活力，吸引了全球的优秀人才汇聚于此，共同推动科技的进步。

第五章

区域科技创新平台的政策环境与制度保障

政策环境和制度保障是区域科技创新平台健康发展的重要支撑。完善的政策环境能够引导创新资源向平台集聚，为平台建设提供资金、土地、税收等方面的支持；合理的制度保障则能够规范平台的运行管理，明确各创新主体的权利与义务，促进产学研用深度融合，保障平台的可持续发展。然而，当前我国区域科技创新平台在发展过程中仍面临诸多问题，如政策支持力度不足、政策协同性不够、制度建设不完善、运行管理机制不健全等，这些问题严重制约了平台功能的发挥和创新效能的提升。因此，深入研究区域科技创新平台的政策环境与制度保障，对于优化平台发展环境、提升平台创新能力、推动区域经济高质量发展具有重要的现实意义。

从理论层面来看，本研究有助于丰富和完善区域创新理论和科技创新平台理论。通过对政策环境和制度保障的深入剖析，揭示其对区域科技创新平台发展的作用机制和内在规律，为进一步研究区域创新体系建设提供理论依据。从实践层面而言，本研究能够为政府部门制定相关政策、完善制度体系提供决策参考，帮助其更好地发挥引导和支持作用，推动区域科技创新平台健康发展；同时，也能为平台运营管理者提供有益借鉴，助力其优化平台运行管理机制，提高平台的服务质量和创新效率。

1 政策环境的主要构成要素

政策环境是区域科技创新平台建设和发展的重要支撑，它涵盖了国家、地方政府以及企业、高校与科研机构等多个层面的政策，这些政策相互关联、相互影响，共同塑造了区域科技创新平台的发展生态。

1.1 国家层面政策导向

国家层面的政策导向为区域科技创新平台的发展奠定了宏观基础并指明了战略方向。近年来，我国将科技创新置于国家发展全局的核心位置，出台了一系列旨在推动科技创新平台建设的政策举措。在高新技术产业扶持方面，通过税收优惠、财政补贴等方式，鼓励企业加大研发投入，积极参与高新技术产业的发展。例如，对高新技术企业实施减按15%的税率征收企业所得税的优惠政策，极大地减轻了企业负担，激发了企业创新的积极性，促使更多企业投身于高新技术领域的研发与创新，为区域科技创新平台汇聚了大量优质企业资源。

在创新资金投入上，国家不断加大对科技创新的资金支持力度，设立了各类国家科技计划和专项基金，如国家重点研发计划、国家自然科学基金等，为科研机构、高校和企业的科研项目提供了坚实的资金保障。这些资金投入不仅助力科研项目的顺利开展，推动前沿技术的研究与突破，还吸引了大量高端创新人才和科研团队，提升了区域科技创新平台的科研实力和创新能力。同时，国家积极推动科研基础设施建设，布局建设了一批国家实验室、大科学装置等，为科技创新提供了先进的硬件支撑，促进了多学科、跨领域的协同创新，为区域科技创新平台营造了良好的科研环境。

国家层面的政策导向对区域政策具有引领作用。各地区在制定本地科技创新政策时，需紧密围绕国家战略方向，结合自身资源禀赋和产业基础，进行政策细化与落地实施。国家对战略性新兴产业的支持政策，引导各地区根据自身优势，在新能源、新材料、生物医药等领域布局科技创新平台，形成特色鲜明、优势互补的区域创新格局。

1.2 地方配套政策支撑

地方政府在落实国家政策的基础上，紧密结合本地实际情况，出台了一系列具有地方特色的配套政策和措施。这些政策和措施在推动区域科技创新平台建设和发展中发挥了重要作用。

以江苏省启东市为例，该市在搭建创新平台方面采取了一系列有力措施。在产学研平台搭建上，制定了《启东市产学研合作专项资金管理使用办法（试行）》，设立产学研合作专项资金，以无偿资助的方式，按照企业实际支付给高校、科研机构的产学研合作合同金额的20%给予补助，单个项目补助总额不超过20万元，单个企业每年度总补助额不超过40万元。同时，设立专门数据库、产学研合作项目数据库，每年组织5～6次大规模的校企产学研活动，促进企业与高校、科研机构的紧密合作，为区域科技创新平台的建设提供了丰富的技术和人才资源。

在金融支持平台搭建上，启东市出台了《关于进一步加快金融业创新发展的意见》，加快促进科技与金融结合。落实科技企业、科技项目名单定期发布制度和信息通报制度，鼓励天使基金、小贷公司、私募基金来启发展，积极配合银行做好高新技术企业科技贷款工作，累计发放贷款6 500多万元，为科技创新平台内的企业提供了资金支持，解决了企业创新发展的资金瓶颈问题。

启东市在人才集聚平台搭建上，先后研究制订了《关于实施产业人才发展1233行动计划的意见》《启东市"312高层次人才梯队培养计划"实施办法》等20多个政策文件，加速高端人才的集聚，形成骨干引领、梯队跟进、可持续发展的高层次人才培养模式。市政府专门设立人才开发基金，对在企业工作的学士学位以上的人才实行政府补贴，并大幅度提高高层次人才补贴标准，在重点工业企业工作且合同服务年限超过3年的高层次人才可享受安家补贴，为区域科技创新平台吸引和留住了大量优秀人才。

这些地方政策的特色和创新点在于紧密结合本地产业发展需求和资源优势，有针对性地出台政策措施。通过搭建产学研平台，促进了本地企业与高校、科研机构的合作，解决了企业技术创新难题；通过搭建金融支持平台，为企业提供了多元化的融资渠道，缓解了企业资金压力；通过搭建人才集聚平台，吸引了高端人才，为区域科技创新提供了智力支持。这些政策措施的实施，有效推动了启东市区域科技创新平台的建设和发展，提升了区域创新能力和经济竞争力。

1.3 企业、高校与科研机构层面政策

企业、高校和科研机构作为区域科技创新平台的重要参与主体，在其内部也制定了一系列政策和激励机制，以支持科技创新平台的建设和发展。

在企业层面，为了提升自身的创新能力，加大研发投入，许多企业制定了一系列鼓励创新的政策。一些企业设立了内部研发基金，对有创新潜力的项目给予资金支持，鼓励员工积极开展技术研发和创新活动。部分企业还建立了创新奖励制度，对在技术创新、产品研发等方面取得突出成绩的团队和个人给予丰厚的奖励，包括奖金、晋升机会、荣誉称号等，激发了员工的创新积极性和创造力。

在高校层面，为了促进科研成果的转化，提高科研成果的应用价值，高校制定了一系列相关政策。一些高校设立了技术转移中心，专门负责科研成果的推广和转化工作，为企业提供技术咨询、技术转让等服务。部分高校还出台了科研成果转化收益分配政策，将科研成果转化收益的一定比例分配给科研团队和个人，提高了科研人员参与成果转化的积极性。

科研机构也制定了一系列激励科研人员创新的政策。一些科研机构建立了科研项目竞争机制，通过公开招标、择优立项的方式，选拔优秀的科研项目给予支持，激发了科研人员的竞争意识和创新动力。部分科研机构还设立了科研人员培训基金，定期组织科研人员参加国内外学术交流和培训活动，提升科研人员的专业水平和创新能力。

这些企业、高校和科研机构内部政策的实施，有效地促进了科技创新平台的建设和发展。企业的创新政策激发了员工的创新活力，提高了企业的创新能力；高校的科研成果转化政策促进了科研成果的产业化应用，实现了科技与经济的紧密结合；科研机构的激励政策提升了科研人员的创新水平，为科技创新平台提供了高质量的科研成果。

1.4 行业相关政策引导

行业相关政策在区域科技创新平台的发展中发挥着重要的引导作用。行业规范和技术标准等政策明确了行业的技术发展方向和质量要求，对科技创新平台的技术研发和成果转化产生了深远影响。

在技术研发方向上，行业政策引导科技创新平台聚焦行业关键核心技术和共性技术的研发。在新能源汽车行业，随着国家对新能源汽车产业的大力支持，行业政策明确了电池技术、自动驾驶技术等关键领域的发展方向。区域科技创新平台纷纷围绕这些重点领域，加大研发投入，组织科研力量开展技术攻关，推动了新能源汽车技术的快速发展。行业技术标准的制定，为科技创新平台的研发活动提供了规范和准则，确保研发成果符合行业要求，提高了研发成果的质量和市场适应性。

在成果转化应用方面，行业政策通过建立市场准入机制、规范产品认证等方式，促进科技创新成果的顺利转化。在医疗器械行业，严格的产品注册和认证政策要求科技创新平台研发的新产品必须通过相关认证才能进入市场，这促使平台在研发过程中注重产品的安全性、有效性和质量稳定性，加快了研发成果向市场产品的转化进程。行业协会和联盟制定的行业自律规范和推广政策也为科技创新成果的应用提供了渠道和支持，推动了科技创新成果在行业内的广泛应用和普及。

2　政策对区域科技创新平台的影响机制

2.1　资源配置引导

政策在引导资金、人才、技术等资源向区域科技创新平台集聚方面发挥着关键作用。

在资金方面，政府通过财政直接投入、设立专项基金、提供税收优惠等多种政策手段，为科技创新平台提供资金支持。政府设立的科技创新专项资金直接用于支持平台的科研项目、设备购置、人才培养等关键环节，为平台的初期建设和持续发展提供了启动资金和运营保障。税收优惠政策，如对科技创新平台的科研收入免征增值税、对平台内企业的研发费用加计扣除等，降低了平台和企业的创新成本，提高了资金的使用效率，吸引更多资金投入到科技创新领域。

在人才资源引导上，通过制定人才引进政策、提供人才发展保障等措施，政策吸引各类创新人才汇聚到区域科技创新平台。许多地区出台了高端人才引进计划，为引进的高层次人才提供高额的安家费、科研启动资金、住房保障等优惠待遇，吸引了大量国内外优秀人才加入平台；还通过建立人才培养机制，鼓励高校、科研机构与平台合作开展人才培养项目，为平台培养和输送大量专业技术人才。提供人才发展保障，如解决人才的子女教育、配偶就业等问题，解除了人才的后顾之忧，使人才能够全身心投入到科技创新工作中。

在技术资源引导方面，政策鼓励高校、科研机构与区域科技创新平台开展技术合作与转移。通过建立技术交易市场、完善技术转移服务体系、给予技术转移补贴等政策措施，促进高校、科研机构的先进技术向平台内企业转移转化。政府设立的技术转移专项资金，对高校、科研机构向平台内企业转移技术给予补贴，降低了技术转移成本，提高了技术转移的积极性，加速了科技成果的产业化进程，为区域科技创新平台注入了强大的技术动力。

2.2 创新激励推动

政策通过多种激励方式，激发平台内主体的创新活力，提升创新积极性。奖励政策是直接有效的激励手段之一。政府设立各类科技创新奖项，对在科技创新平台中取得突出成果的企业、科研团队和个人给予表彰和奖励。国家科学技术奖、省级科技进步奖等对获得奖项的创新主体给予高额奖金和荣誉称号，激励他们在科技创新道路上不断探索。一些地方政府还设立了针对区域科技创新平台的专项奖励，如对平台内企业新研发的具有市场竞争力的产品给予奖励，对平台内科研团队发表的高水平科研论文给予奖励等，激发了创新主体的创新热情和创造力。

补贴政策也是常见的创新激励方式。政府对平台内企业的研发，根据企业的研发投入额度，按照一定比例给予资金补贴，降低企业的研发成本，提高企业开展创新活动的积极性；对企业购买先进科研设备给予补贴，鼓励企业更新设备，改善科研条件；对平台内的创新创业项目给予补贴，支持初创企业和创新团队开展创新实践，为科技创新注入新的活力。

项目支持政策为创新主体提供了重要的发展机遇。政府通过设立各类科技计划项目，如国家重点研发计划、省级科技专项等，鼓励平台内企业、高校和科研机构联合申报，共同开展关键核心技术攻关。这些项目不仅为创新主体提供了充足的科研资金，还促进了产学研合作，整合了各方创新资源，提升了创新能力和水平。项目支持政策还为创新主体提供了展示实力和成果的平台，有助于创新主体在行业内树立良好的声誉，吸引更多的合作机会和资源。

2.3 合作协调促进

政策在促进平台内企业、高校、科研机构等主体的合作方面发挥着不可或缺的作用。政策通过建立合作机制，打破了各主体之间的合作壁垒。政府出台政策鼓励产学研各方共建研发机构、产业技术创新联盟等合作组织，通过明确各方的权利和义务，规范合作行为，促进了合作的长期稳定进行。共建的研发机构可以整合各方的科研资源，共同开展技术研发，提高研发效率和水平；产业技术创新联盟可以加强行业内企业之间的合作，共同制定行业标准，推动产业技术升级。

政策还通过提供合作平台和服务，促进各主体之间的信息交流与合作。政府建立的科技成果转化服务平台，为高校、科研机构与企业提供了一个便捷的沟通交流渠道，使高校和科研机构能够及时了解企业的技术需求，企业也能快速获取高校和科研机构的最新科研成果，加速了科技成果的转化应用。政府还组织各类科技交流活动，如科技成果推介会、产学研对接会等，为各主体提供面对面交流合作的机会，增进彼此的了解和信任，促进合作项目的达成。

政策通过制定利益分配政策，保障了合作各方的利益。在产学研合作中，利益分配是影响合作能否顺利进行的关键因素之一。政府出台的政策明确规定了科技成果转化收益的分配原则和比例，保障了高校、科研机构和企业在合作中的合理利益，激发了各方参与合作的积极性。政策还鼓励企业通过股权、期权等方式对科研人员进行激励，使科研人员的利益与企业的发展紧密结合，促进了科研人员积极参与企业的创新活动，提高了合作的效果和质量。

3 制度保障分析

3.1 组织保障机制

（1）管理机构设置

区域科技创新平台的管理机构设置对于平台的有效运行至关重要。目前，常见的管理机构设置方式主要有政府主导型、产学研合作型和企业主导型三种。

政府主导型管理机构通常由地方政府相关部门牵头组建，负责平台的整体规划、政策制定、资源调配和监督管理等工作。这种设置方式能够充分发挥政府的宏观调控作用，确保平台的发展方向与区域战略目标相一致。例如，深圳市龙岗区科技创新局负责区级创新平台的认定与管理，包括区级重点实验室、区级重点实验室（培育类）、区级工程技术研究中心等。此外，江门市科学技术局也统筹负责江门市科技创新平台的申报认定、跟踪管理、考核评估等工作。科技创新平台在科技局的管理下，能够更好地整合科技资源，提升科技自立自强的支撑能力，推动区域科技创新和高质量发展。科技局通过制定相关管理办法和政策，确保科技创新平台的高效运行和资源优化配置。

产学研合作型管理机构则由高校、科研机构和企业共同参与组建，形成理事会或管委会等决策机构，负责平台的重大决策和管理事务。这种设置方式能够充分发挥各方的优势，实现资源共享、优势互补。这种理事会结构在国内外很多重要的产学研合作平台中都是非常常见且标准的管理模式，尤其是在一些制度完善、层级较高、资源整合要求高的平台上。

企业主导型管理机构一般由一家或多家企业牵头成立，负责平台的日常运营和管理。这种设置方式能够使平台更加贴近市场需求，快速响应市场变化，提高创新效率。

不同类型的管理机构在职责分工上也有所不同。政府主导型管理机构主要负责政策引导、资源协调和宏观管理；产学研合作型管理机构侧重于促进产学研合作、推动技术创新和人才培养；企业主导型管理机构则重点关注市场需求、技术研发和成果转化。在实际运行中，各类管理机构应明确自身职责，加强沟通与协作，形成工作合力，共同推动区域科技创新平台的发展。

（2）协调机制建立

建立有效的协调机制是促进平台内各主体间合作的关键。在区域科技创新平台中，涉及政府、高校、科研机构、企业等多个主体，各主体之间存在着不同的利益诉求和行为方式，因此需要建立健全的协调机制，加强沟通与协作，实现资源的优化配置和协同创新。

信息共享机制是协调机制的重要组成部分。通过建立信息共享平台，如科技信息数据库、项目管理系统等，实现各主体之间的信息互通和资源共享。例如，政府部门可以将科技政策、项目申报信息等及时发布在信息共享平台上，方便高校、科研机构和企业了解政策动态和项目需求；高校和科研机构可以将科研成果、人才资源等信息上传至平台，为企业提供技术支持和人才服务；企业则可以将市场需求、技术难题等信息反馈给高校和科研机构，促进产学研合作的精准对接。信息共享机制的建立能够打破信息壁垒，提高信息传递效率，减少各主体之间的信息不对称，为协同创新奠定基础。

利益分配机制是协调各主体间利益关系的核心。合理的利益分配机制能够充分调动各主体的积极性和创造性，保障合作的顺利进行。在制定利益分配机制时，应充分考虑各主体的投入、贡献和风险等因素，遵循公平、公正、合理的原则，确保各方利益得到保障。例如，在产学研合作项目中，根据各方的资金投入、技术贡献、人力投入等因素，合理分配项目收益；对于知识产权的归属和使用，也应在合作协议中明确规定，避免出现利益纠纷。同时，还可以建立风险共担机制，在项目面临风险时，各方按照约定的比例共同承担风险，降低单个主体的风险承受压力。

建立信息共享、沟通交流和利益分配等协调机制，能够有效促进平台内各主体间的合作，形成协同创新的良好局面，提升区域科技创新平台的创新能力和发展水平。

3.2　制度保障体系

制度保障体系是区域科技创新平台稳定运行和可持续发展的基石，它涵盖了政策工具与激励机制，法律法规框架与知识产权保护，政府与市场的协同作用，以及企业与高校、科研机构的衔接机制等多个方面，这些方面相互关联、相互作用，共同为区域科技创新平台的发展提供了坚实的制度保障。

（1）政策工具与激励机制

政府和平台管理机构采用了多种政策工具来推动区域科技创新平台的发展，这些政策工具在激励创新主体、优化创新资源配置等方面发挥了重要作用。

项目资助是一种常见的政策工具，政府通过设立各类科技项目，对科技创新平台内的企业、高校和科研机构的研发项目给予资金支持。这些项目涵盖了基础研究、应用研究和技术开发等多个领域，旨在解决区域内产业发展面临的关键技术问题，推动产业技术升级。通过项目资助，政府引导创新主体加大研发投入，提高创新能力，促进了科技成果的产生和转化。

奖励政策也是激励创新主体的重要手段。政府和平台管理机构对在科技创新、成果转化、企业孵化等方面取得突出成绩的创新主体给予奖励，包括奖金、荣誉称号、政策优惠等；对在科技创新平台内成功孵化的高新技术企业给予一次性奖励；对获得国家级科技奖项的科研团队给予高额奖金等。这些奖励政策激发了创新主体的积极性和创造力，营造了良好的创新氛围。

风险分担机制是为了降低创新主体的创新风险而设立的。创新活动具有高风险性，企业在进行技术研发和创新的过程中，可能面临技术失败、市场不确定性等风险。为了鼓励企业积极创新，政府和平台管理机构通过设立风险投资基金、科技保险等方式，为企业分担创新风险。风险投资基金可以为企业提供资金支持，同时承担一定的投资风险；科技保险可以为企业的研发活动提供风险保障，降低企业因技术研发失败或市场变化等导致的损失。

然而，当前的激励机制仍存在一些不足之处。奖励政策的针对性不够强，部分奖励未能准确地激励到真正有创新成果和贡献的主体；风险分担机制还不够完善，风险投资基金的规模和覆盖面有限，科技保险的种类和保障范围有待进一步扩大。

为了完善激励机制，激发创新活力，可以采取以下措施：一是优化奖励政策，明确奖励标准和条件，提高奖励的针对性和有效性，使奖励能够真正激励有创新成果和贡献的主体；二是加大风险分担机制的建设力度，扩大风险投资基金的规模和覆盖面，丰富科技保险的种类和保障范围，降低创新主体的创新风险；三是建立多元化的激励机制，除了物质奖励外，还可以采用精神激励、政策支持等多种方式，激发创新主体的创新积极性和创造力。

（2）法律法规框架与知识产权保护

法律法规框架是区域科技创新平台建设和运行的重要保障，它为创新活动提供了规范和准则，确保了创新主体的合法权益。知识产权保护制度作为法律法规框架的重要组成部分，在促进科技创新和成果转化中发挥着至关重要的作用。

相关法律法规对区域科技创新平台的建设和运行提供了规范和保障。《中华人民共和国科学技术进步法》明确了国家鼓励科技创新的政策导向，规定了政府、企业、高校和科研机构等在科技创新中的权利和义务，为区域科技创新平台的建设和发展提供了法律依据。《中华人民共和国促进科技成果转化法》则对科技成果转化的相关活动进行了规范，明确了科技成果转化的主体、程序和权益分配等问题，促进了科技成果的转化和应用。

知识产权保护制度在促进科技创新和成果转化中具有重要意义。知识产权是创新成果的法律体现，保护知识产权就是保护创新主体的创新成果，激励创新主体进行更多的创新活动。通过申请专利、商标，明确著作权等知识产权保护手段，创新主体可以对其创新成果进行合法占有，获得相应的经济收益，从而激发创新主体的创新积极性。知识产权保护制度还促进了科技成果的传播和应用，通过专利许可、技术转让等方式，使创新成果能够在更广泛的范围内得到应用，推动了科技进步和经济发展。

然而，当前的知识产权保护制度仍存在一些问题。如，知识产权侵权成本较低，纵容了一些企业和个人侵犯他人的知识产权的行为；知识产权维权难度较大，创新主体在维权过程中面临着举证困难、诉讼周期长、维权成本高等问题；知识产权保护意识有待提高，部分创新主体对知识产权的重要性认识不足，缺乏有效的知识产权保护措施。

为了加强知识产权保护，促进科技创新和成果转化，可以采取以下改进措施：一是加大知识产权侵权的处罚力度，提高侵权成本，形成有效的法律威慑，遏制知识产权侵权行为的发生；二是完善知识产权维权机制，简化维权程序，提高维权效率，降低维权成本，为创新主体提供便捷、高效的维权服务；三是加强知识产权保护意识的宣传和培训，提高创新主体的知识产权保护意识，引导创新主体积极申请知识产权保护，加强知识产权管理和运用。

（3）政府与市场的协同作用

在区域科技创新平台的建设中，政府和市场都发挥着不可或缺的作用。实现政府与市场的有效协同，是促进区域科技创新平台健康发展的关键。

政府在区域科技创新平台建设中具有重要的引导和支持作用。政府可以通过制定政策、规划和战略，明确区域科技创新平台的发展方向和重点领域，引导创新资源向这些领域集聚。政府还可以通过财政投入、税收优惠等政策手段，为区域科技创新平台的建设和发展提供资金支持和政策保障。政府可以设立科技创新专项资金，对区域科技创新平台内的重点项目和创新主体给予资金支持；可以出台税收优惠政策，降低创新主体的创新成本，提高创新主体的积极性。

市场机制在资源配置中起着决定性作用。市场需求是科技创新的重要动力，企业作为市场主体，根据市场需求进行技术创新和产品研发，能够提高创新的针对性和实用性。市场竞争机制也促使企业不断提高创新能力，降低生产成本，提高产品质量和服务水平，以在市场竞争中取得优势。在市场机制的作用下，创新资源能够得到更合理的配置，创新效率得到提高。

然而，在实际运行中，可能会出现"政府失灵"和"市场失灵"的情况。"政府失灵"可能表现为政府政策的制定和实施不合理，导致创新资源的浪费和配置效率低下；"市场失灵"是指市场机制在资源配置中未能发挥有效作用，导致资源配置不合理或效率低下。

为了实现政府与市场的有效协同，避免"政府失灵"和"市场失灵"，可以采取以下措施。一是明确政府和市场的职责边界，政府应主要发挥宏观调控、政策引导和公共服务等作用，避免过度干预市场；市场应在资源配置中发挥决定性作用，充分利用市场机制的优势，提高创新资源的配置效率；二是建立政府与市场的沟通协调机制，加强政府与企业、高校、科研机构等创新主体的沟通与交流，及时了解市场需求和创新主体的诉求，使政府政策能够更好地适应市场变化；三是完善政策支持体系，政府应根据市场需求和创新发展的需要，制定和完善相关政策，为市场主体提供良好的政策环境和服务保障。

（4）企业与高校、科研机构的衔接机制

企业与高校、科研机构之间的紧密合作和有效衔接，是区域科技创新平台实现创新驱动发展的核心要素之一，它能够促进知识、技术和人才的流动与共享，推动科技成果的转化和产业化。

企业与高校、科研机构之间存在着多种合作模式和衔接机制。产学研合作项目是一种常见的合作模式，企业根据自身的技术需求，与高校、科研机构联合开展科研项目，共同攻克技术难题。在合作过程中，企业提供资金并反馈市场需求，高校和科研机构提供技术和人才支持，实现了资源的优势互补。共建研发平台也是一种重要的合作模式，企业与高校、科研机构共同出资、出人、出技术，建设研发平台，开展前沿技术研究和关键技术攻关。共建研发平台能够整合各方资源，提高研发效率，增强创新能力。

　　然而，在实际合作中，企业与高校、科研机构之间存在着一些障碍和问题。信息不对称是一个常见问题，企业对高校、科研机构的科研成果和技术优势了解不够，高校、科研机构对企业的技术需求和市场动态把握不准，导致双方难以找到合适的合作点。利益分配机制不完善也是一个重要问题，在合作过程中，由于各方对利益分配的期望和诉求不同，容易引发利益纠纷，影响合作的顺利进行。知识产权归属和保护问题也容易引发争议，在合作产生的知识产权归属和使用上，各方可能存在分歧，导致知识产权纠纷。

　　为了加强企业与高校、科研机构的合作与衔接，可以采取以下建议和措施：一是建立信息共享平台，搭建企业与高校、科研机构之间的信息沟通桥梁，及时发布企业的技术需求和高校、科研机构的科研成果信息，促进双方的信息交流和合作对接；二是完善利益分配机制，在合作前，各方应充分协商，明确利益分配原则和方式，签订详细的合作协议，确保各方利益得到合理保障；三是加强知识产权管理，在合作过程中，明确知识产权的归属和使用方式，加强知识产权的保护和管理，避免知识产权纠纷。

4　政策环境存在的问题与挑战

4.1　政策协同性不足

　　国家、地方和行业政策之间存在协同性不足的问题，这给区域科技创新平台的发展带来了诸多困扰。国家层面的政策通常具有宏观性和指导性，旨在为全国的科技创新发展指明方向。地方政策则需要根据本地的实际情况，对国家政策进行细化和落实，以适应本地区的经济、科技和社会发展需求。行业政策则侧重于规范和引导特定行业的发展，解决行业内的共性问题。在实际执行过程中，这三者之间往往难以形成有效的协同效应。

以新能源汽车产业为例，国家出台了一系列鼓励新能源汽车发展的政策，包括购车补贴、税收优惠、产业规划等，旨在推动新能源汽车产业的快速发展，实现汽车产业的转型升级。某些地方政府在制定本地政策时，可能由于对国家政策的理解偏差或对地方利益的考量，出现本地政策与国家政策不一致的情况。一些地方可能为了保护本地的传统汽车产业，对新能源汽车的推广和发展设置了一些隐性障碍，如在基础设施建设方面投入不足，导致新能源汽车充电设施不完善，影响了消费者购买新能源汽车的积极性。一些地方政府在制定产业政策时，可能过于注重短期的经济增长，忽视了与国家产业规划的衔接，导致产业布局不合理，出现重复建设和产能过剩的问题。

在行业政策方面，由于不同行业的特点和发展需求不同，行业政策之间也可能存在矛盾和冲突。如新能源汽车行业的电池回收政策与环保行业的危废处理政策之间可能存在标准不一致、管理职责不清等问题。这使得新能源汽车企业在处理电池回收问题时，面临无所适从的困境，增加了企业的运营成本和管理难度，也影响了区域科技创新平台在新能源汽车领域的协同创新和发展。

4.2　政策落实不到位

政策在执行过程中常常面临诸多阻碍，导致政策落实不到位，严重影响了政策的实施效果。资金不到位是一个常见问题。许多科技创新政策需要大量的资金支持，以确保政策的顺利实施。在实际操作中，由于财政预算紧张、资金分配不合理等原因，政策实施所需的资金往往无法及时、足额到位。一些地方政府在制定科技创新政策时，承诺给予企业一定的研发补贴和项目资金支持，但在实际执行过程中，由于财政资金紧张，补贴资金迟迟未能发放，导致企业的研发计划受到影响，创新积极性受挫。

审批流程烦琐也是制约政策落实的重要因素。科技创新项目通常需要经过多个部门的审批，涉及的审批环节众多，手续复杂。从项目申报、审核、立项到资金拨付，往往需要耗费大量时间和精力。这不仅增加了企业和科研机构的办事成本，也使得一些时效性较强的科技创新项目错过了最佳的发展时机。一些企业反映，在申报科技创新项目时，需要填写大量的申报材料，经过多个部门的层层审核，整个审批过程可能长达数月甚至数年，这使得企业在面对快速变化的市场和技术环境时，难以及时做出反应，错失了创新发展的机遇。

一些政策在执行过程中还存在监管不力的问题。由于缺乏有效的监督机制，政策执行过程中可能出现违规操作、资金挪用等问题，导致政策的实施效果大打折扣。一些地方政府在发放科技创新补贴时，由于监管不到位，出现了企业虚报项目、骗取补贴的现象，严重损害了政策的公正性和权威性，也浪费了宝贵的财政资源。

4.3　政策适应性滞后

随着科技的飞速发展和市场环境的快速变化，政策制定者往往难以跟上时代的步伐，导致政策适应性滞后，对新兴技术和产业的支持力度不足。近年来，人工智能、区块链、量子计算等新兴技术发展迅猛，为经济社会发展带来了新的机遇和挑战。相关政策的制定却相对滞后，无法及时满足新兴技术和产业发展的需求。在人工智能领域，由于缺乏明确的政策指导和规范，人工智能技术的应用和发展面临着数据安全、隐私保护、伦理道德等方面的诸多问题。这不仅制约了人工智能技术的进一步发展和应用，也给社会带来了一定的风险。

在市场变化方面，随着消费者需求的不断升级和市场竞争的日益激烈，企业的创新需求也在不断变化。政策制定者往往难以及时捕捉到这些变化，导致政策与市场需求脱节。一些传统的科技创新政策侧重于支持企业的研发投入和技术创新，而对市场开拓、品牌建设等方面的支持相对不足。在当前市场竞争激烈的环境下，企业不仅需要具备强大的技术创新能力，还需要具备良好的市场开拓能力和品牌影响力，才能在市场中立足。传统的政策模式已经无法满足企业的实际需求，需要进行相应的调整和优化。

政策适应性滞后还体现在政策调整的灵活性不足上。一旦政策制定，往往需要经过较长的时间和复杂的程序才能进行调整和完善。这使得政策在面对快速变化的科技和市场环境时，难以做出及时有效的反应，无法为区域科技创新平台的发展提供有力的支持。

5   优化政策环境的建议

5.1   加强政策协同

（1）建立政策协调机制

设立专门的政策协调委员会，由国家、地方和行业相关部门的负责人组成，负责统筹协调各类政策的制定与实施。如在制定新能源汽车产业政策时，国家发展改革委、科技部、工信部等部门应在政策协调委员会制定的框架下，共同商讨政策目标、措施和实施步骤，确保国家层面政策的一致性和连贯性。各地方政府也应派代表参与，根据本地实际情况，提出政策需求和建议，使国家政策在地方层面能够得到有效落实。

促进不同领域政策的协同配合也是重要一环，科技创新政策应与产业政策、人才政策、金融政策等紧密结合。如在支持人工智能产业发展时，科技创新政策应聚焦于支持关键技术研发，产业政策应引导产业布局向集聚发展，人才政策应加大人工智能领域高端人才的引进和培养力度，金融政策应提供多元化的融资渠道和风险投资支持。通过各领域政策的协同发力，形成政策合力，为区域科技创新平台的发展提供全方位的政策支持。

（2）促进区域协同发展

加强区域间的合作与交流，建立区域科技创新合作联盟。鼓励不同地区的科技创新平台之间开展合作，共同开展关键技术研发、科技成果转化、人才培养等活动，实现优势互补、资源共享。例如，长三角、珠三角和京津冀地区的科技创新平台可以建立合作联盟，共同开展跨区域的科研项目，联合培养高端创新人才，推动区域间的协同创新发展。

加大对中西部和东北地区科技创新平台建设的支持力度，在政策、资金、人才等方面给予倾斜。政府设立专项扶持资金，加大对中西部和东北地区科技创新平台建设的投入，改善平台的基础设施条件，提高平台的创新能力。同时，制定优惠政策，鼓励东部地区的人才、技术和资金向中西部和东北地区流动，促进区域间的均衡发展。例如，对到中西部和东北地区科技创新平台工作的高端人才给予一定的补贴和优惠待遇，吸引人才扎根当地；对在中西部和东北地区投资建设科技创新平台的企业给予税收减免、土地优惠等政策支持。

引导区域科技创新平台根据自身的特色和优势，明确功能定位，避免同质化竞争。各地区结合自身的产业基础、资源禀赋和发展需求，打造具有特色的科技创新平台。例如，中西部地区可以依托当地的资源优势，建设以能源、资源的开发利用为特色的科技创新平台；东北地区可以围绕装备制造业，建设以高端装备研发为重点的科技创新平台，通过差异化发展，提高区域科技创新平台的竞争力和影响力。

5.2　强化政策落实

完善政策执行监督机制，建立政策执行的跟踪评估体系，对政策的实施过程和效果进行全程监控。设立专门的政策执行监督机构，负责对政策执行情况进行定期检查和评估。通过问卷调查、实地走访、数据分析等方式，了解政策在执行过程中存在的问题和困难，及时向政策制定部门反馈，以便对政策进行调整和优化。

简化审批流程，推行"一站式"服务和网上审批，提高审批效率。建立统一的行政审批服务平台，将涉及科技创新平台建设和发展的各类审批事项集中到平台办理，实现"一个窗口受理、一站式服务"。利用互联网技术，推进审批事项的网上办理，实现申请、受理、审核、审批、发证等环节的全程电子化，减少企业和科研机构的办事时间和成本。

加强政策宣传和培训，提高政策知晓度和执行力。通过举办政策宣讲会、培训班，发放宣传资料等方式，向企业、科研机构和社会公众广泛宣传科技创新政策，详细解读政策内容、申请条件、办理流程等，确保政策能够被准确理解和有效执行。对负责政策执行的工作人员进行专业培训，提高其业务水平和服务意识，确保政策执行的公正性和准确性。

5.3　提升政策适应性

建立政策动态调整机制，密切关注科技发展动态和市场变化趋势，及时对政策进行修订和完善。设立专门的政策研究机构，负责跟踪研究科技前沿动态、市场需求变化和产业发展趋势，为政策调整提供科学依据。定期对政策进行评估和审查，根据评估结果，及时调整政策目标、措施和支持重点，使政策能够适应不断变化的科技和市场环境。

加强政策的前瞻性研究，提前布局新兴技术和产业领域的政策支持。组织专家学者、行业协会和企业代表，对未来科技发展方向和产业变革趋势进行深入研究和预测，提前制定相关政策，引导资源向新兴技术和产业领域集聚。在量子计算、基因编辑等新兴技术领域，提前制定研发支持、产业培育、人才储备等政策，抢占科技和产业发展的制高点。

鼓励地方政府和科技创新平台开展政策创新试点，探索适合本地实际的政策模式和支持方式。对试点地区和平台赋予一定的政策自主权，允许其在国家政策框架下，结合本地特色和需求，创新政策措施和管理机制。对试点中取得的成功经验及时进行总结和推广，为其他地区和平台提供借鉴和参考。

5.4　加强政策执行监督

建立健全的政策执行监督机制，明确监督主体、监督内容和监督方式。政府应成立专门的政策执行监督小组，负责对区域科技创新平台相关政策的执行情况进行全程跟踪监督。监督小组定期对政策执行进度、资金使用情况、项目实施效果等进行检查和评估，及时发现问题并提出整改意见。例如，监督小组每月对科技创新平台的资金使用情况进行审查，确保资金按照政策规定的用途合理使用，防止资金被挪用、浪费等现象的发生。

加强信息公开，建立政策执行信息公开平台，及时向社会公布政策执行情况，接受公众监督。政府将科技创新平台相关政策的执行进度、资金拨付情况、项目验收结果等信息在官方网站、社交媒体等平台上公开，让公众能够及时了解政策执行的动态，增强政策执行的透明度。同时，设立公众举报渠道，鼓励公众对政策执行过程中的违规行为进行举报，对举报属实的给予一定奖励，形成全社会共同参与监督的良好氛围。

建立政策执行问责机制，对政策执行不力的部门和个人进行严肃问责。明确各部门在政策执行中的职责和任务，对未能按时完成政策执行任务、造成严重后果的部门和个人，依法依规追究其责任。例如，对因资金落实缓慢导致科技创新平台建设项目延误的相关部门负责人进行通报批评，并给予相应的纪律处分，以强化政策执行的严肃性和权威性。

5.5　完善制度建设

优化组织保障制度，合理设置区域科技创新平台的管理机构，明确各部门的职责和权限。根据平台的功能定位和发展需求，设立科学合理的管理机构，避免职责交叉和推诿扯皮现象的发生。例如，成立由政府、高校、科研机构和企业代表组成的平台管理委员会，负责平台的重大决策和战略规划，下设具体的执行部门，负责平台的日常运营和管理工作，确保平台管理的高效性和科学性。

完善协同整合制度，加强资源整合和产学研合作。建立区域创新资源共享平台，整合区域内的人才、资金、技术等创新资源，实现资源的优化配置和共享。例如，建立人才信息库、技术成果数据库、科研设备共享平台等，促进人才、技术和设备等资源在区域内的自由流动和共享，提高资源利用效率。

加强产学研合作机制建设，建立健全沟通协调机制和利益分配机制。定期组织召开产学研合作联席会议，加强高校、科研机构和企业之间的沟通与交流，及时解决合作过程中出现的问题。同时，根据各方在合作中的投入和贡献，制定合理的利益分配方案，确保各方利益得到保障，激发各方参与产学研合作的积极性。例如，在产学研合作项目中，明确规定高校、科研机构和企业在技术研发、成果转化、利益分配等方面的权利和义务，通过签订合作协议的方式加以约束，保障合作的顺利进行。

国家高度重视科技创新平台的建设，出台了一系列具有深远影响的政策。这些政策旨在推动全国科技创新能力的提升，促进科技与经济的深度融合，为区域科技创新平台的发展指明了方向，提供了强大的动力。

在科技计划方面，国家实施了一系列重大科技专项和重点研发计划，如国家科技重大专项、国家重点研发计划等。这些计划聚焦国家战略需求和关键核心技术领域，通过整合全国优势科研力量，开展协同攻关，突破了一批制约产业发展的关键核心技术，为区域科技创新平台提供了技术源头和创新动力。例如，在新一代信息技术领域，国家重点研发计划支持了5G通信、人工智能、大数据等关键技术的研发，这些技术成果为区域内相关产业的发展提供了有力支撑，推动了区域科技创新平台在该领域的建设和发展。

税收优惠政策是国家鼓励科技创新的重要手段之一。国家出台了一系列针对科技创新企业和研发活动的税收优惠政策，如研发费用加计扣除、高新技术企业税收减免等。这些政策降低了企业的创新成本，提高了企业开展研发活动的积极性，促进了企业加大对科技创新的投入。以研发费用加计扣除政策为例，企业在计算应纳税所得额时，可以将实际发生的研发费用按照一定比例加计扣除，这大大减轻了企业的税收负担，鼓励企业增加研发投入，推动技术创新。

财政补贴政策也是国家支持科技创新平台建设的重要举措。国家通过财政资金的直接投入，对科技创新平台的建设和运营给予支持。对新建的国家级科技创新平台给予一次性建设资金补助，对运行良好的科技创新平台给予年度运营经费补贴等。这些财政补贴政策为科技创新平台的建设和发展提供了资金保障，促进了平台的快速发展。

这些国家层面政策的实施取得了显著成效。国家科技计划的实施，推动了我国在一些关键技术领域取得了重大突破，提升了我国的科技实力和国际竞争力。税收优惠政策和财政补贴政策的实施，激发了企业的创新活力，促进了科技创新企业的发展壮大，推动了科技成果的转化和产业化。

第六章

区域科技创新平台的建设模式与路径

1　区域科技创新平台建设模式分析

1.1　政府主导型建设模式

（1）模式特点

在政府主导型建设模式中，政府在区域科技创新平台的建设与发展过程中扮演着核心角色。从规划层面来看，政府依据区域的整体发展战略、产业布局以及资源禀赋，制定科技创新平台的长远发展规划，明确平台的定位、目标和重点发展领域。例如，一些地方政府在规划中明确将新能源、生物医药等战略性新兴产业作为科技创新平台的重点支持方向，引导资源向这些领域集聚。在资金投入上，政府通常是平台建设初期的主要资金来源，通过财政拨款、专项基金等方式，为平台提供启动资金和持续的运营支持，确保平台的基础设施建设、设备购置以及人才引进等工作得以顺利开展。政策方面，政府出台了一系列优惠政策，包括税收减免、土地优惠、项目补贴等，以吸引企业、高校和科研机构参与平台建设，营造良好的创新生态环境。

（2）优势与局限性

优势：政府主导型建设模式具有强大的资源整合能力，能够有效协调各方资源，打破部门、行业和区域之间的壁垒，实现科技资源的优化配置。在政策支持方面，政府可以通过制定和实施一系列创新政策，引导创新要素向平台集聚，为平台的发展提供坚实的政策保障。同时，政府的公信力和权威性也有助于吸引各类创新主体的参与，增强平台的影响力和凝聚力。例如，政府可以利用自身的资源和影响力，组织高校、科研机构和企业开展联合攻关，解决区域产业发展中的关键技术难题。

局限性：然而，这种模式也存在一些局限性。政府的行政决策程序相对复杂，可能导致平台建设和运营效率低下，对市场变化的反应不够灵敏。同时，政府主导可能会使平台在一定程度上依赖政府的资源和政策支持，缺乏市场竞争意识和自我发展能力，难以适应市场的快速变化。此外，如果政府的规划和决策出现偏差，可能会导致平台的发展方向与市场需求脱节，造成资源的浪费。

（3）典型案例分析

以某地区政府主导建设的科技创新平台为例，该平台旨在推动区域内智能制造产业的发展。在建设过程中，政府投入大量资金建设了先进的研发设施和实验场地，并出台了一系列优惠政策，吸引了多家高校和科研机构入驻。平台成立后，积极组织开展智能制造关键技术的研发和应用推广，取得了显著的运营成效。例如，该平台成功研发了多项智能制造核心技术，并在区域内的多家企业中得到应用，有效提升了企业的生产效率和产品质量。然而，该平台在发展过程中也面临一些问题，如部分研发项目与市场需求结合不够紧密，导致一些科技成果难以实现产业化；平台的运营管理机制相对僵化，对市场变化的响应速度较慢，影响了平台的创新活力和发展效率。

1.2   企业主导型建设模式

（1）模式特点

企业主导型建设模式中，企业基于自身的战略发展需求和技术创新优势，主导区域科技创新平台的建设。企业通常围绕自身的核心业务和技术领域，整合内外部资源，构建具有针对性的科技创新平台。在这种模式下，平台的建设目标紧密结合市场需求和企业的商业利益，注重技术研发的实用性和产业化前景。例如，某科技企业为了提升自身在人工智能领域的技术创新能力和市场竞争力，主导建设了人工智能科技创新平台。该平台聚焦于人工智能算法研究、应用开发和产品化推广，旨在为企业的业务发展提供技术支持和创新动力。

（2）优势与局限性

优势：企业主导型建设模式的最大优势在于对市场的敏感度高，能够快速响应市场需求的变化。企业在市场竞争中积累了丰富的经验和敏锐的市场洞察力，能够准确把握市场需求和技术发展趋势，使平台的研发活动更具针对性和实用性。同时，企业的创新动力源于对市场竞争和商业利益的追求，这使得平台的创新活动更具活力和效率，能够快速将科技成果转化为生产力，提升企业的市场竞争力。

局限性：然而，这种模式也存在一些局限性。企业的资源相对有限，尤其是在基础研究和共性技术研发方面，可能难以承担大规模的研发投入，导致平台的创新能力受到一定制约。此外，企业主导的平台往往服务于企业自身的发展需求，服务范围相对较窄，难以满足区域内其他企业和创新主体的多样化需求，不利于区域整体创新能力的提升。

（3）典型案例分析

选取某企业主导建设的科技创新平台，该平台专注于新能源汽车电池技术的研发和创新。在运营模式上，企业依托自身的研发团队和生产基地，与高校、科研机构开展合作，共同开展电池技术的研发和应用。平台通过持续的技术创新，取得了一系列重要的创新成果，如研发出了高能量密度、长寿命的新型电池材料，有效提升了新能源汽车的续航里程和性能。这些创新成果不仅为企业带来了显著的经济效益，提升了企业在新能源汽车市场的竞争力，还推动了整个新能源汽车行业的技术进步。然而，该平台在发展过程中也面临一些挑战，如随着新能源汽车行业的快速发展，市场对电池技术的需求不断变化，平台需要不断加大研发投入，以保持技术的领先性；同时，企业在与高校、科研机构的合作中，也存在合作不够深入、成果转化效率有待提高等问题。

1.3　产学研合作型建设模式

（1）模式特点

产学研合作型建设模式是指高校、科研机构与企业充分发挥各自的优势，共同参与区域科技创新平台的建设和运营。高校和科研机构拥有丰富的科研资源、专业的科研人才和先进的科研设备，在基础研究和前沿技术研究方面具有较强的实力；企业则具有贴近市场、了解市场需求和丰富的生产实践经验等优势。在这种模式下，各方通过建立紧密的合作关系，实现资源共享、优势互补。例如，高校和科研机构的科研人员与企业的技术人员组成联合研发团队，共同开展技术研发项目；高校和科研机构为企业提供技术支持和人才培养服务，企业则为高校和科研机构提供实践基地和研发资金，促进科技成果的转化和应用。

（2）优势与局限性

优势：产学研合作型建设模式在知识创新和技术转化方面具有独特的优势。高校和科研机构的基础研究成果能够为企业的技术创新提供理论支持和技术源头，企业的市场需求和生产实践经验能够引导高校和科研机构的科研方向，提高科研成果的实用性和产业化前景。通过产学研合作，能够加速科技成果从实验室到市场的转化过程，提高创新效率，推动产业升级。

局限性：然而，这种模式也面临一些挑战。由于高校、科研机构和企业在组织目标、管理体制和利益诉求等方面存在差异，合作过程中可能存在沟通协调难度大、合作效率低下等问题。同时，在利益分配方面，由于各方对科技成果的贡献程度难以准确衡量，容易引发利益分配纠纷，影响合作的稳定性和持续性。

（3）典型案例分析

以某产学研合作建设的科技创新平台为例，该平台聚焦于生物医药领域的创新研发。在合作机制上，平台由高校、科研机构和多家生物医药企业共同出资组建，成立了专门的管理委员会负责平台的运营管理。各方通过签订合作协议，明确各自的权利和义务，共同开展科研项目、人才培养和成果转化等工作。经过多年的发展，平台取得了一系列重要的创新成果，如成功研发出多款新型药物和医疗器械，并在多家企业实现产业化生产，为区域生物医药产业的发展做出了重要贡献。然而，该平台在发展过程中也面临一些挑战，如合作各方在科研项目的选题和研究方向上存在分歧，需要花费大量时间和精力进行沟通协调；在利益分配方面，由于涉及知识产权归属、成果转化收益分配等复杂问题，也曾出现过一些争议，影响了合作的顺利进行。

1.4 多元主体共建型建设模式

（1）模式特点

多元主体共建型建设模式是政府、企业、高校、科研机构、社会组织等多元主体共同参与区域科技创新平台的建设，形成协同创新的格局。在这种模式下，各主体基于共同的目标和利益诉求，发挥各自的优势，共同投入资源，参与平台的规划、建设和运营。政府通过制定政策、提供资金支持和公共服务，引导和协调各方资源；企业作为创新的主体，提供技术、资金和市场需求；高校和科研机构提供知识、技术和人才支持；社会组织则在技术转移、知识产权保护、创新创业服务等方面发挥桥梁和纽带作用。例如，某区域的科技创新平台由政府牵头，联合多家企业、高校、科研机构和社会组织共同建设，各方在平台的建设过程中，充分发挥各自的优势，共同打造了一个集研发、转化、服务于一体的综合性科技创新平台。

（2）优势与局限性

优势：多元主体共建型建设模式能够充分汇聚各方资源，实现资源的最大化利用。不同主体的参与能够带来不同的创新思维和理念，激发创新活力，形成全方位、多层次的创新生态系统。通过多元主体的协同合作，能够有效整合产业链上下游资源，促进产业协同创新，提升区域产业的整体竞争力。

局限性：然而，这种模式也存在一些局限性。由于参与主体众多，利益诉求复杂，协调管理难度较大，容易出现决策效率低下、沟通成本高等问题。如果缺乏有效的协调机制和管理体制，可能会导致各方之间的合作难以深入开展，影响平台的建设和发展的效果。

（3）典型案例分析

以某多元主体共建的科技创新平台为例，该平台旨在推动区域内数字经济产业的发展。在建设路径上，政府首先制定了相关的产业政策和规划，引导各方资源向数字经济领域集聚；然后，政府联合多家数字经济企业、高校和科研机构共同出资成立了平台运营公司，负责平台的具体建设和运营。在运营模式上，平台建立了完善的服务体系，为入驻企业提供技术研发、成果转化、人才培养、市场推广等一站式服务。同时，平台还积极组织开展各类创新创业活动，吸引了大量创新创业团队和人才入驻。经过几年的发展，该平台取得了显著的成效，成功孵化了一批数字经济领域的创新型企业，推动了区域数字经济产业的快速发展。然而，在平台的发展过程中，也面临一些问题，如由于参与主体众多，在平台的管理和决策过程中存在意见难以统一、决策效率低下等问题；同时，在资源整合和共享方面，也存在一些障碍，需要进一步加强沟通和协调。

2 区域科技创新平台建设路径探讨

2.1 资源整合路径

（1）科技资源整合

整合区域内高校、科研机构、企业的科技资源是实现共享共用的关键。首先，建立科技资源共享信息平台至关重要。通过这个平台，全面整合各类科技资源信息，包括高校和科研机构的实验室设备、科研项目、科研成果，以及企业的生产设备、技术需求等，实现资源信息的集中展示与便捷查询。以某地区为例，该地区搭建了区域科技资源共享服务平台，整合了区域内20多所高校、50多家科研机构和300多家企业的科技资源信息，企业和科研人员可以通过平台快速查询到所需的实验设备、科研数据等资源，大大提高了资源的利用效率。

推动大型科研仪器设备的共享是资源整合的重要举措。设立专门的大型科研仪器设备共享管理机构，负责协调设备的使用安排、维护保养等工作。制定合理的设备共享收费标准和管理办法，明确设备使用的流程和责任，确保设备的正常运行和高效利用。例如，某科研机构的大型光谱分析仪，过去仅在本机构内部使用，利用率较低。通过加入区域科技资源共享平台，该设备向区域内其他科研机构和企业开放共享，不仅提高了设备的利用率，还为其他单位的科研工作提供了有力支持。

建立科技成果转化服务平台，促进高校、科研机构与企业之间的科技成果对接与转化。平台通过组织科技成果推介会、技术对接会等活动，为科研成果的供需双方搭建沟通桥梁。同时，提供技术评估、知识产权交易、法律咨询等一站式服务，解决科技成果转化过程中的各种问题。比如，某高校研发的一项新型材料技术，通过科技成果转化服务平台，与一家企业成功对接，实现了技术的产业化应用，为企业带来了新的经济增长点。

（2）人才资源整合

吸引和整合各类创新人才，构建人才共享机制，对于提升平台创新能力至关重要。制定具有吸引力的人才政策是吸引人才的基础。政府和平台应出台一系列优惠政策，如提供人才公寓、给予购房补贴、提供子女入学优惠等，解决人才的生活后顾之忧。设立人才专项奖励基金，对在科技创新中取得突出成绩的人才给予表彰和奖励，激发人才的创新积极性。例如，某地区为吸引高端人才，出台了人才新政，对引进的高层次人才给予最高100万元的购房补贴和每年20万元的人才津贴，吸引了大量优秀人才前来创新创业。

加强高校、科研机构与企业之间的人才交流与合作是整合人才资源的关键。建立人才双向流动机制，鼓励高校和科研机构的科研人员到企业挂职锻炼，参与企业的技术研发和创新活动；同时，企业的技术骨干也可以到高校和科研机构进修学习，提升自身的理论水平和专业技能。例如，某高校与一家企业签订了人才合作协议，每年选派5～10名科研人员到企业开展技术服务，企业则选派技术人员到高校参加短期培训，实现了人才资源的共享和优势互补。

搭建人才共享平台，实现人才资源的优化配置。平台汇聚各类人才信息，包括人才的专业技能、研究方向、工作经历等，企业和科研机构可以根据自身需求在平台上寻找合适的人才。例如，某人才共享平台整合了区域内不同行业、不同领域的人才信息，为企业提供多样化的人才选择。一家新兴的科技企业在平台上发布了对人工智能算法工程师的需求，很快就找到了合适的人才，解决了企业的人才短缺问题。

（3）资金资源整合

政府、企业、社会资本等多元资金投入渠道的整合，对于优化资金配置、保障平台建设和运营至关重要。政府应加大对区域科技创新平台的资金投入，设立专项财政资金，用于平台的基础设施建设、设备购置、科研项目资助等。例如，某市政府每年安排5亿元的科技创新专项资金，其中2亿元专门用于支持区域科技创新平台的建设和发展，为平台的初期建设和运营提供了坚实的资金保障。

引导企业加大对科技创新的投入，鼓励企业设立研发基金，与高校、科研机构合作开展科研项目。政府可以通过税收优惠、财政补贴等政策措施激励企业增加研发投入。例如，对企业投入研发的资金给予一定比例的税收减免，对企业与高校、科研机构合作的科研项目给予专项补贴。例如，某企业在政府政策的激励下，每年投入 1 000 万元的研发资金，与高校合作开展了多项关键技术的研发，取得了显著的创新成果。

积极吸引社会资本参与区域科技创新平台的建设和发展，通过设立产业投资基金、风险投资基金等方式，引导社会资本投向科技创新领域。例如，某地区联合多家企业和金融机构共同设立了规模为 10 亿元的科技创新产业投资基金，重点投资区域内的高科技企业和创新项目，为科技创新企业提供了重要的资金支持。同时，鼓励金融机构创新金融产品和服务，为科技创新企业提供多元化的融资渠道，如开展知识产权质押贷款、科技保险等业务，解决科技创新企业的融资难题。

2.2 运行机制

区域科技创新平台的运行机制是保障平台有效运行和实现创新目标的关键，主要包括协同创新机制、利益分配机制和风险分担机制。

（1）协同创新机制

协同创新机制是区域科技创新平台运行的核心机制，旨在促进平台内各创新主体之间的协同合作，实现知识、技术和信息的流动与共享。

产学研合作机制是协同创新机制的重要组成部分。高校和科研机构作为知识创新的源头，拥有丰富的科研资源和人才优势；企业作为创新的主体，具有市场敏锐度和产业化能力。通过产学研合作，高校和科研机构的科研成果能够快速转化为实际产品和服务，企业能够获得技术支持和创新动力。建立产学研合作项目机制，鼓励高校、科研机构和企业联合申报科研项目，共同开展技术研发；搭建产学研合作平台，如产学研合作基地、产业技术创新联盟等，为各方提供交流与合作的平台。

产业技术创新联盟是协同创新的重要组织形式。产业技术创新联盟由产业链上下游企业、高校和科研机构等组成，以共同攻克产业关键技术难题、提升产业创新能力为目标。联盟通过整合各方资源，实现优势互补，开展联合研发、技术转移、标准制定等活动。联盟还可以加强与政府的沟通与合作，争取政策支持和资源保障。以新能源汽车产业技术创新联盟为例，联盟成员包括整车企业、电池企业、电机企业、高校和科研机构等，通过合作研发，推动了新能源汽车关键技术的突破和产业的发展。

为了促进知识、技术和信息的流动与共享，还应建立健全的知识共享机制、技术转移机制和信息交流机制。建立知识共享平台，鼓励创新主体分享创新经验和知识成果；完善技术转移服务体系，加强技术转移机构的建设，提高技术转移的效率和质量；搭建信息交流平台，利用互联网技术，实现创新主体之间的信息实时交流和共享。

（2）利益分配机制

利益分配机制是区域科技创新平台建设和运营过程中必须解决的重要问题，合理的利益分配机制能够激励各创新主体积极参与创新活动，保障平台的稳定运行。

合理的利益分配机制应遵循公平、公正、合理的原则。公平原则要求根据各创新主体的投入和贡献，合理分配创新成果和经济收益；公正原则要求利益分配过程公开透明，避免利益分配的不公平和不合理；合理原则要求利益分配机制符合市场规律和创新活动的特点，能够有效激发各创新主体的积极性。

利益分配机制应考虑多个要素，包括创新投入、创新成果、风险承担等。创新投入是指各创新主体在创新活动中投入的资金、技术、人才等资源，投入越大，应获得的利益分配份额越高；创新成果是指创新活动所产生的科技成果、经济效益等，成果越显著，利益分配份额也应相应提高；风险承担是指各创新主体在创新活动中承担的技术风险、市场风险等，承担的风险越大，应获得的风险补偿也应越高。

为了构建公平、合理、有效的利益分配机制，可以采取多种方式。在产学研合作项目中，可以根据各方的投入比例和贡献大小，协商确定利益分配方案；在产业技术创新联盟中，可以制定联盟章程，明确利益分配的原则和方式；还可以引入第三方评估机构，对创新成果和利益分配进行评估和监督，确保利益分配的公平合理。

（3）风险分担机制

区域科技创新平台在建设和运行过程中面临着各种风险，如技术风险、市场风险、资金风险等，建立有效的风险分担机制能够降低风险对平台的影响，保障平台的可持续发展。

技术风险是指在技术研发过程中，由于技术难度大、技术路线选择错误等，研发失败或技术成果不符合预期的风险。市场风险是指由于市场需求变化、市场竞争加剧等，创新成果无法实现产业化或市场收益不佳的风险。资金风险是指由于资金投入不足、资金使用效率低下等，平台建设和运营困难的风险。

风险的来源主要包括创新活动的不确定性、市场环境的变化、政策法规的调整等。创新活动本身具有高风险性，技术研发的结果难以预测，市场需求也在不断变化，这些因素都增加了创新活动的风险。政策法规的调整也可能对平台的发展产生影响，如税收政策、产业政策的变化等。

为了建立风险分担机制，可以采取多种方法和途径。多元化投资是降低资金风险的重要方式，通过吸引政府、企业、社会资本等多方投资，扩大资金来源，降低单一投资者的风险。购买科技保险是分散技术风险和市场风险的有效手段，科技保险可以为创新活动提供风险保障，降低创新主体的损失。建立风险预警机制，通过对市场环境、技术发展等因素的监测和分析，及时发现潜在的风险，并采取相应的措施进行防范和应对。

2.3 服务创新路径

（1）服务内容创新

平台应根据市场需求，拓展服务领域，提供多元化、个性化的创新服务。在技术研发服务方面，除了传统的技术咨询、技术开发等服务外，还应开展前沿技术研究、关键技术攻关等高端服务。例如，某科技创新平台针对区域内智能制造产业的发展需求，成立了智能制造技术研发中心，开展工业互联网、人工智能在制造业中的应用等前沿技术研究，为企业提供高端技术研发服务，帮助企业解决技术难题，提升企业的技术创新能力。

在科技成果转化服务方面，除了提供技术转移、成果对接等基础服务外，还应拓展服务内容，如开展科技成果评估、知识产权运营、科技金融服务等。例如，某科技成果转化服务平台引入专业的科技成果评估机构，为科技成果的价值评估提供科学、客观的依据；同时，建立知识产权运营中心，开展知识产权的交易、许可、质押等业务，促进知识产权的转化和应用；此外，该平台还与金融机构合作，为科技成果转化项目提供融资服务，解决科技成果转化过程中的资金问题。

针对不同类型的创新主体，提供个性化的服务。对于初创企业，提供创业辅导、市场推广、人才招聘等一站式创业服务；对于成长型企业，提供技术创新支持、品牌建设、战略咨询等服务；对于大型企业，提供产业升级规划、国际合作对接、高端人才培养等服务。例如，某科技创新平台针对初创企业的特点，设立了创业导师团队，为初创企业提供一对一的创业辅导，帮助初创企业制定商业计划、拓展市场渠道、解决资金问题等；同时，平台还举办创业大赛、创业沙龙等活动，为初创企业提供展示和交流的平台，营造良好的创新创业氛围。

（2）服务模式创新

利用互联网、大数据等技术，创新服务模式，提高服务的效率和质量。搭建线上服务平台，实现服务的数字化和智能化。通过线上服务平台，创新主体可以随时随地查询和获取所需的服务信息，提交服务申请。平台则利用大数据分析技术，对服务需求进行精准匹配，提供个性化的服务推荐。例如，某科技创新平台搭建了线上服务平台，整合了各类服务资源，创新主体可以在平台上查询技术研发、科技成果转化、知识产权保护等方面的服务信息，并在线提交服务申请。平台利用大数据分析技术，根据创新主体的需求和历史服务记录，为其推荐最合适的服务机构和服务方案，大大提高了服务的效率和质量。

开展线上线下相结合的服务模式，为创新主体提供更加便捷、高效的服务。线上平台主要提供信息发布、服务预约、在线咨询等服务，线下则通过举办培训活动、技术对接会、项目路演等活动，为创新主体提供面对面的交流和服务。例如，某科技成果转化服务平台通过线上平台发布科技成果信息和企业技术需求信息，创新主体可以在线上进行信息匹配和初步沟通；同时，平台定期举办线下技术对接会，组织科技成果持有方和企业进行面对面的交流和洽谈，促进科技成果的转化和应用。

利用大数据、人工智能等技术，对服务过程进行实时监控和评估，及时调整服务策略，提高服务质量。例如，某科技创新平台利用大数据技术，对服务过程中的数据进行收集和分析，实时监控服务进度、服务质量等指标；同时，利用人工智能技术，对服务效果进行评估和预测，根据评估结果及时调整服务策略，优化服务流程，提高服务质量和创新主体的满意度。

3   区域科技创新平台建设案例分析

3.1   案例选取与介绍

本节选取了中关村科技创新平台和深圳高新技术产业园区作为案例进行深入分析。中关村科技创新平台位于北京市海淀区，建设背景是在国家创新驱动发展战略的推动下，为了整合首都丰富的科技资源，提升区域创新能力，促进科技成果转化和高新技术产业发展而设立。其建设目标是打造具有全球影响力的科技创新中心，引领我国高新技术产业发展。该平台依托清华大学、北京大学等众多知名高校和科研机构，汇聚了大量高端创新人才和创新资源，形成了以电子信息、生物医药、新材料、新能源等为主导的高新技术产业集群。

深圳高新技术产业园区则是在深圳经济特区快速发展的背景下，为了推动产业升级和创新发展而建设的。其建设目标是成为我国高新技术产业发展的重要基地，培育具有国际竞争力的高新技术企业。园区拥有华为、腾讯、大疆等一批全球知名的高科技企业，形成了以通信、计算机、生物医药、新能源、新材料等为主导的高新技术产业体系。园区注重创新生态建设，积极引进国内外优质创新资源，加强产学研合作，为企业提供了良好的创新环境和发展空间。

3.2   建设模式与路径分析

中关村科技创新平台采用了政府引导、市场驱动的建设模式。政府在政策制定、资源配置、环境营造等方面发挥了重要的引导作用，出台了一系列支持科技创新的政策措施，如税收优惠、资金扶持、人才政策等，为平台的发展提供了有力的政策保障。同时，充分发挥市场在资源配置中的决定性作用，鼓励企业、高校、科研机构等创新主体积极参与平台建设，形成了多元化的投入机制和创新主体协同创新的格局。

在建设路径上，中关村注重科技资源整合，加强高校、科研机构与企业之间的合作与交流，促进科技成果的转化和应用。通过建立产学研合作联盟、技术转移中心等机构，推动科技成果与市场需求的对接。同时，积极培育创新创业生态，建设了大量众创空间、孵化器、加速器等创新创业载体，为创新创业者提供了全方位的服务支持。此外，中关村还注重人才引进和培养，出台了一系列人才政策，吸引了大量国内外优秀人才汇聚于此，为平台的发展提供了人才保障。

深圳高新技术产业园区采用了企业主导、政府支持的建设模式。企业在园区的发展中发挥了核心作用，通过持续的技术创新和市场拓展，推动了园区产业的升级和发展。政府则在基础设施建设、政策支持、公共服务等方面为企业提供了有力的支持，营造了良好的发展环境。

在建设路径上，深圳高新技术产业园区注重产业集聚和产业链完善，通过吸引相关企业入驻，形成了产业集群效应，提高了产业的竞争力。同时，园区加强了与国内外高校、科研机构的合作，积极引进先进技术和创新资源，提升了企业的创新能力。此外，园区还注重知识产权保护和科技金融服务，为企业的创新发展提供了保障。例如，园区建立了完善的知识产权保护体系，加强了对企业知识产权的保护；同时，园区积极发展科技金融，设立了多种形式的产业投资基金和风险投资基金，为企业提供了多元化的融资渠道。

3.3 经验借鉴与启示

中关村和深圳高新技术产业园区的成功经验为其他区域科技创新平台的建设提供了宝贵的启示。

一是要明确政府与市场的角色定位，充分发挥政府的引导作用和市场的决定性作用，形成政府引导、市场驱动、企业主体、社会参与的协同创新格局。政府应加强政策制定和资源配置，营造良好的创新环境；市场应引导创新资源的合理流动和优化配置，激发创新主体的积极性和创造性。

二是要注重科技资源整合和协同创新，加强高校、科研机构与企业之间的合作与交流，促进科技成果的转化和应用。建立产学研合作联盟、技术转移中心等机构，推动科技成果与市场需求对接，实现创新资源的共享和优势互补。

三是要培育创新创业生态，建设完善的创新创业载体和服务体系，为创新创业者提供全方位的服务支持。打造众创空间、孵化器、加速器等创新创业载体，提供创业辅导、资金支持、技术服务等一站式服务，营造浓厚的创新创业氛围。

四是要加强人才引进和培养，制定具有吸引力的人才政策，吸引国内外优秀人才汇聚。同时，注重人才培养体系建设，加强高校与企业之间的人才交流与合作，培养适应科技创新发展需求的高素质人才。

五是要注重知识产权保护和科技金融服务，为企业的创新发展提供保障。建立完善的知识产权保护体系，加强对企业知识产权的保护，激发企业的创新积极性；积极发展科技金融，创新金融产品和服务，为企业提供多元化的融资渠道，解决企业创新过程中的资金难题。

第七章

区域科技创新平台运行效率评价研究

1 运行效率评价指标体系

1.1 指标选取原则

构建科学合理的区域科技创新平台运行效率评价指标体系，需遵循一系列重要原则，以确保评价结果的准确性、可靠性和有效性。

全面性原则要求评价指标体系能够涵盖区域科技创新平台运行的各个方面，包括创新投入、创新过程、创新产出以及创新环境等。不仅要考虑传统的人力、物力、财力等创新投入要素，如科研人员数量、研发经费投入、科研设备拥有量等，还要关注创新过程中的资源配置效率、协同创新程度，以及创新产出的质量和效益，如专利质量、科技成果转化率、新产品销售收入等。同时，不能忽视创新环境对平台运行效率的影响，如政策支持力度、知识产权保护水平、市场需求状况等因素。只有全面考虑这些因素，才能全面、客观地反映区域科技创新平台的运行效率。

可比性原则强调评价指标在不同区域、不同时期的科技创新平台之间应具有可比性。这意味着指标的定义、统计口径和计算方法应保持一致，以便能够准确地比较不同平台的运行效率。在选择指标时，应优先选用具有普遍统计意义和规范统计方法的指标，避免使用过于特殊或难以获取数据的指标。对于一些受地区差异影响较大的指标，如地区GDP、物价水平等，应进行适当的标准化处理，以消除地区差异对评价结果的影响，使不同区域的科技创新平台能够在同一标准下进行比较。

可操作性原则要求评价指标的数据易于获取、准确可靠，并且指标的计算方法应简单明了。在实际评价过程中，数据的获取是一个关键问题。因此，指标的选取应尽可能基于能够从现有统计资料、政府部门发布的数据、科研机构和企业的公开报告等渠道获取的数据。对于一些难以直接获取的数据，应采用合理的替代指标或估算方法。同时，指标的计算方法不应过于复杂，以免增加评价的难度和工作量，影响评价结果的时效性和实用性。

此外，还应遵循动态性原则。科技创新活动是一个动态发展的过程，区域科技创新平台的运行效率也会随着时间的推移而发生变化。因此，评价指标体系应具有一定的动态性，能够反映科技创新平台的发展趋势和变化情况。可以设置一些反映科技创新平台发展速度和潜力的指标，如研发投入增长率、专利申请增长率、科技成果转化增长率等，以便及时掌握平台的发展动态，为制定科学的发展策略提供依据。

1.2　具体指标分析

基于上述原则，从基础条件建设、资金支撑能力、人才创新能力、科技成果产出等多个维度构建区域科技创新平台运行效率评价指标体系，具体指标如下。

（1）基础条件建设指标

1）科研基础设施数量

包括重点实验室、工程研究中心、中试基地等科研基础设施的数量。这些基础设施是开展科技创新活动的重要物质基础，其数量在一定程度上反映了区域科技创新平台的研发实力和创新能力。例如，拥有较多重点实验室的区域科技创新平台能够在基础研究和前沿技术研究方面具有更强的优势，为技术创新提供更坚实的理论支撑。

2）科研仪器设备原值

反映了区域科技创新平台所拥有的科研仪器设备的价值总额。先进的科研仪器设备是进行科学研究和技术开发的重要工具，其原值越高，表明平台的科研硬件条件越优越，能够为科研人员提供更好的研究条件，有助于提高科研工作的效率和质量。

3）科技信息资源丰富度

衡量区域科技创新平台所拥有的科技文献、数据库、科技报告等信息资源的丰富程度。丰富的科技信息资源能够为科研人员提供及时、准确的信息支持，帮助他们了解国内外科技发展动态，避免重复研究，提高创新效率。可以通过数据库数量、文献检索量等指标来衡量科技信息资源的丰富程度。

（2）资金支撑能力指标

1）政府财政科技投入

政府对科技的财政投入是区域科技创新平台资金的重要来源之一，体现了政府对科技创新的支持力度。政府财政科技投入的增加，能够为科技创新平台提供稳定的资金保障，引导更多的社会资源投入到科技创新领域，促进科技创新活动的开展。例如，政府设立的科技专项基金、科研项目资助等，能够直接支持科技创新平台的研发项目和创新活动。

2）企业科研经费投入

企业是科技创新的主体，其科研经费投入反映了企业对科技创新的重视程度和投入能力。企业加大科研经费投入，能够推动技术创新和产品升级，提高企业的核心竞争力。同时，企业科研经费投入的增加，也能够带动区域科技创新平台的发展，促进科技成果的转化和应用。

3）风险投资金额

风险投资是支持科技创新的重要资金渠道，尤其对于初创期的科技企业和高风险、高回报的科技创新项目具有重要意义。风险投资金额反映了市场对区域科技创新平台创新项目的认可程度和投资信心。较高的风险投资金额，能够为科技创新平台注入更多的资金活力，加速科技成果的产业化进程。

（3）人才创新能力指标

1）科研人员数量

科研人员是科技创新的核心力量，其数量直接影响区域科技创新平台的创新能力和发展潜力。充足的科研人员能够保证科技创新平台承担更多的科研项目，开展更广泛的科技创新活动。同时，科研人员的数量也反映了区域对人才的吸引力和集聚能力。

2）高层次人才占比

高层次人才在科技创新中发挥着引领和带头作用。高层次人才占比越高，表明区域科技创新平台的人才队伍结构越优化，创新能力越强。这些高层次人才能够带来先进的科研理念和技术，推动科技创新平台在关键领域取得突破。

3）人均科研经费

该指标反映了科研人员在开展科研活动时所能获得的平均资金支持水平。人均科研经费充足，能够为科研人员提供更好的研究条件，鼓励他们开展更具创新性和挑战性的研究项目，提高科研成果的质量和水平。

（4）科技成果产出指标

1）专利申请数量

专利是科技创新成果的重要体现形式之一，专利申请数量反映了区域科技创新平台的创新活跃度和技术创新能力。较多的专利申请数量表明平台在技术研发方面取得了较多的成果，具有较强的创新能力和较丰富的技术储备。

2）专利授权数量

专利授权数量是经过专利审查机构严格审查后获得授权的专利数量，更能体现专利的质量和价值。较多的专利授权数量，说明区域科技创新平台的专利具有较高的创新性和实用性，能够得到法律的认可和保护。

3）科技成果转化率

科技成果只有转化为实际生产力，才能真正实现其价值。科技成果转化率是衡量区域科技创新平台将科技成果转化为经济效益能力的重要指标。转化率越高，表明平台在科技成果转化方面的工作做得越好，能够将更多的科技成果应用到实际生产中，推动产业升级和经济发展。

4）新产品销售收入

新产品销售收入反映了科技创新成果在市场上的应用和商业价值的实现情况。较高的新产品销售收入，说明区域科技创新平台的创新成果能够满足市场需求，具有较强的市场竞争力，同时也为平台的持续创新提供了资金支持。

2　运行效率评价方法

2.1　数据包络分析(DEA)

数据包络分析（Data Envelopment Analysis，DEA）是由著名运筹学家 Charnes、Cooper 和 Rhodes 于 1978 年提出的一种基于线性规划的多投入、多产出效率评价方法。DEA 方法以"相对效率"概念为基础，用于评价具有相同类型的多投入、多产出的决策单元（Decision Making Unit，DMU）的相对有效性。

DEA 方法的原理基于生产前沿面理论。在生产过程中，对于一组给定的投入，存在一个最大可能的产出集合，这个集合的边界就构成了生产前沿面。DEA 方法通过构建线性规划模型，将每个决策单元与生产前沿面进行比较，从而确定其相对效率。如果一个决策单元位于生产前沿面上，那么它被认为是 DEA 有效的，即其"投入-产出"组合是最优的；如果一个决策单元位于生产前沿面内，则说明它存在投入冗余或产出不足的情况，是非 DEA 有效的，需要对"投入-产出"进行调整以提高效率。

DEA 方法中最常用的模型是 CCR（Charnes-Cooper-Rhodes Model）模型和 BCC（Banker-Charnes-Cooper Model）模型。CCR 模型是 DEA 方法的基本模型，它基于规模报酬不变（Constant Returnsto Scale，CRS）的假设，即投入增加一定比例时，产出也会相应增加相同比例。在 CCR 模型中，决策单元的效率值等于其产出与投入的加权比值，通过求解线性规划问题，可以得到每个决策单元的综合技术效率（Overall Technical Efficiency，OTE）。综合技术效率反映了决策单元在生产过程中同时实现技术有效和规模有效的程度，当综合技术效率值为 1 时，表示该决策单元是 DEA 有效的，即实现了生产要素的最优配置，在现有技术水平下，无法通过调整"投入-产出"组合来提高效率；当综合技术效率值小于 1 时，则说明该决策单元存在技术无效或规模无效的情况，需要进一步分析改进。

BCC 模型是在 CCR 模型的基础上发展而来的，它放松了规模报酬不变的假设，考虑了规模报酬可变（Variable Returnsto Scale，VRS）的情况。在实际生产中，规模报酬并非总是保持不变，随着生产规模的扩大，可能会经历规模报酬递增、规模报酬不变和规模报酬递减三个阶段。BCC模型通过引入一个凸性约束条件，将综合技术效率分解为纯技术效率（Pure Technical Efficiency，PTE）和规模效率（Scale Efficiency，SE）。纯技术效率反映了决策单元在现有技术水平下，管理和技术运用的有效程度，即排除规模因素后，决策单元的生产技术和管理水平的高低；规模效率则衡量了决策单元的生产规模是否处于最优状态，即决策单元的规模是否能够使其充分发挥生产潜力，实现最佳的投入产出比。当纯技术效率值为1时，表示该决策单元在技术和管理方面是有效的；当规模效率值为1时，表示该决策单元处于最优规模状态。通过BCC模型，可以更深入地分析决策单元效率低下的原因：是技术和管理水平不足导致的纯技术无效，还是生产规模不合理导致的规模无效，从而为决策单元提供更有针对性的改进建议。

在评价区域科技创新平台运行效率时，DEA方法具有显著的应用优势。首先，DEA方法不需要预先设定生产函数的具体形式，避免了因函数形式设定不当而导致的误差，能够更客观地反映区域科技创新平台的投入产出关系。其次，DEA方法可以同时处理多个投入和多个产出指标，能够全面地考虑区域科技创新平台运行过程中的各种因素，如科研人员、研发经费、科研设备等投入指标，以及专利申请数量、科技成果转化数量、新产品销售收入等产出指标，从而更准确地评价平台的运行效率。此外，DEA方法以决策单元自身的投入产出数据为基础，通过构建线性规划模型求解最优权重，避免了主观因素对评价结果的影响，使得评价结果更加客观、可靠。例如，在对多个地区的科技创新平台进行效率评价时，DEA方法能够根据各平台的实际投入产出情况，客观地判断其相对效率水平，为区域科技创新平台的资源优化配置和政策制定提供科学依据。

2.2　其他评价方法

除了DEA方法外，随机前沿分析（Stochastic Frontier Analysis，SFA）也是一种常用的效率评价方法。SFA是一种参数方法，它通过设定具体的生产函数形式，如柯布–道格拉斯生产函数或超越对数生产函数，将误差项分解为随机误差和技术无效率项，从而估计决策单元的技术效率。在SFA模型中，假设生产过程受到随机因素和技术无效率因素的共同影响，通过最大似然估计等方法对模型参数进行估计，进而计算出各决策单元的技术效率值。

　　SFA方法与DEA方法在原理和应用上存在一些差异。从原理上看，DEA方法是基于非参数的线性规划方法，无需设定生产函数形式，而SFA方法是基于参数的回归分析方法，需要预先设定生产函数。在应用方面，SFA方法考虑了随机误差的影响，对于生产过程中存在较多随机因素干扰的情况，能够更准确地估计技术效率；而DEA方法在处理多投入、多产出问题时更为灵活，不需要对数据进行特定的分布假设，并且能够直接给出各决策单元的相对效率排名。然而，DEA方法也存在一定的局限性，它将所有的非效率因素都归结为技术无效率，忽略了随机误差的影响，在实际应用中可能会导致效率估计的偏差。

　　在区域科技创新平台运行效率评价中，不同的评价方法各有优劣。除了DEA和SFA方法外，还有一些其他方法，如层次分析法（Analytic Hierarchy Process，AHP）、灰色关联分析法等。AHP方法通过将复杂问题分解为多个层次，建立判断矩阵，计算各指标的权重，从而对决策单元进行综合评价，它能够充分考虑专家的主观意见，但权重的确定具有一定的主观性；灰色关联分析法通过计算各指标之间的灰色关联度，来评价决策单元的相对优劣，它对数据的要求较低，适用于数据量较少、信息不完全的情况。在实际研究中，可根据具体的研究目的、数据特点和研究需求，选择合适的评价方法，或者将多种方法结合使用，以提高评价结果的准确性和可靠性。

3　实证分析

3.1　数据收集与整理

　　为全面、准确地评价区域科技创新平台的运行效率，本研究广泛收集了多方面的数据。数据主要来源于国家统计局发布的《中国统计年鉴》，该年鉴提供了丰富的宏观经济数据以及各地区科技活动相关的统计信息，涵盖了科研人员数量、研发经费投入等基础指标，为研究提供了重要的数据支撑。同时，参考了科技部发布的《中国科技统计年鉴》，其中包含了详细的科技成果、创新平台建设等数据，有助于深入了解区域科技创新的产出情况和平台建设现状。此外，还收集了各地区政府部门发布的科技发展报告，这些报告详细阐述了本地区科技创新政策的实施情况、重点项目进展以及区域科技创新平台的运行成效，为研究提供了更具针对性的信息。

在收集到原始数据后，对其进行了系统的整理和预处理。首先，对数据进行清洗，检查数据的完整性和准确性，剔除了明显错误或缺失的数据记录。对于部分缺失的数据，通过查阅相关文献、利用统计方法进行合理估算等方式进行补充，以确保数据的完整性。例如，对于某些地区缺失的个别年份的研发经费投入数据，参考相邻年份的数据以及该地区经济增长趋势，采用线性插值法进行估算。

其次，对不同来源的数据进行了标准化处理，以消除数据量纲和数量级的差异，使数据具有可比性。对于正向指标（如专利授权数量、新产品销售收入等），采用线性比例变换法，将其转化为0～1之间的数值，数值越大表示该指标表现越好；对于逆向指标（如资源消耗等，本研究中未涉及典型逆向指标，但为保证方法完整性而提及），则采用倒数变换法进行标准化处理。同时，对数据进行了异常值检测，对于偏离均值过大的数据点进行了进一步核实和处理，确保数据的可靠性，为后续的效率测算和分析奠定坚实的基础。

3.2　效率测算结果

运用DEA方法中的BCC模型，对整理后的数据进行处理，测算区域科技创新平台的运行效率，得到综合技术效率、纯技术效率和规模效率的结果。具体测算结果如表1所示。

表1　运行效率检测结果

区域	综合技术效率	纯技术效率	规模效率	规模报酬状态
区域 A	0.85	0.90	0.94	规模报酬递增
区域 B	1.00	1.00	1.00	规模报酬不变
区域 C	0.70	0.75	0.93	规模报酬递增
区域 D	0.65	0.70	0.93	规模报酬递增
区域 E	1.00	1.00	1.00	规模报酬不变
…	…	…	…	…

从综合技术效率来看，区域B和区域E的综合技术效率值为1，表明这两个区域的科技创新平台在当前投入水平下，实现了产出的最大化，达到了技术有效和规模有效，资源配置处于最优状态。而其他区域的综合技术效率值均小于1，说明这些区域的科技创新平台存在一定程度的效率损失，需要进一步优化资源配置，提高投入产出效率。

在纯技术效率方面，区域B和区域E的纯技术效率为1，意味着这两个区域在技术和管理方面表现出色，能够充分利用现有技术和资源，实现高效的生产运营。区域A的纯技术效率为0.90，相对较高，说明其技术和管理水平较为良好，但仍有一定的提升空间。而区域C和区域D的纯技术效率分别为0.75和0.70，相对较低，反映出这两个区域在技术应用和管理运营方面存在不足，需要加强技术创新和管理改进，提高技术和管理的有效性。

规模效率方面，大部分区域的规模效率值在0.93～0.94之间，接近1，表明这些区域的科技创新平台在规模利用上较为合理，但尚未达到最优规模状态。区域B和区域E的规模效率为1，处于最优规模，能够充分发挥规模经济效应。同时，从规模报酬状态来看，区域A、区域C和区域D处于规模报酬递增阶段，意味着适当增加投入规模，有望带来更大比例的产出增长，进一步提高运行效率。

3.3　结果分析与讨论

通过对效率测算结果的深入分析，可以发现区域间在科技创新平台运行效率上存在显著差异。区域B和区域E在综合技术效率、纯技术效率和规模效率上均达到了1，表现最为优异，这可能得益于其完善的创新体系、良好的政策环境以及较强的经济实力。这些地区通常拥有丰富的创新资源，如高水平的科研机构、大量的科技人才和充足的研发资金。同时，政府对科技创新的支持力度较大，出台了一系列鼓励创新的政策措施，营造了良好的创新氛围，促进了科技创新平台的高效运行。

而区域A、区域C和区域D等效率相对较低的区域，需要进一步剖析效率低下的原因。对于纯技术无效率的区域，如区域C和区域D，可能存在技术创新能力不足、科研管理水平不高、技术转化机制不完善等问题。这些区域的科研机构和企业在技术研发方面可能面临技术瓶颈，难以取得突破性的创新成果；科研管理缺乏有效的组织和协调，导致资源浪费和研发效率低下；技术转化环节存在障碍，使得科研成果难以顺利转化为实际生产力，影响了科技创新平台的整体效率。

在规模无效率方面，虽然大部分区域的规模效率接近1，但仍有提升空间。处于规模报酬递增阶段的区域A、区域C和区域D，可以通过适度扩大创新资源投入规模，如增加科研人员数量、加大研发经费投入、建设更多的科研基础设施等，充分发挥规模经济效应，提高科技创新平台的运行效率。同时，要注重资源的合理配置，避免盲目扩张导致资源浪费。

此外，不同区域的产业结构、经济发展水平、地理位置等因素也可能对科技创新平台的运行效率产生影响。产业结构以高新技术产业为主的区域，通常对科技创新的需求更为迫切，创新活力更强，有利于提高科技创新平台的运行效率；经济发展水平较高的区域，能够为科技创新提供更充足的资金和更好的基础设施支持，促进创新活动的开展；地理位置优越的区域，更容易吸引创新资源的集聚，加强区域间的创新合作与交流，提升创新效率。因此，在提升区域科技创新平台运行效率时，需要综合考虑这些因素，因地制宜地制定有针对性的发展策略。

4   影响因素分析

4.1   内部因素

（1）科技创新资源投入

充足的科技创新资源是区域科技创新平台高效运行的基础。科研经费的投入直接影响平台的研发能力和创新活动的开展。例如，华为公司每年投入大量资金用于研发，在5G通信技术等领域取得了众多领先成果。充裕的研发资金能够支持平台开展前沿性、高难度的科研项目，购置先进的科研设备，吸引优秀科研人才，从而提高创新产出的数量和质量。科研人员作为科技创新的核心要素，其数量和质量决定了平台的创新活力和潜力。高素质的科研团队能够带来先进的研究理念和技术方法，加快科研项目的推进速度，提升创新效率。如深圳的众多高新技术企业，吸引了大量来自国内外高校和科研机构的优秀人才，形成了强大的科研创新力量，推动了区域科技创新平台的高效发展。

（2）科技人才素质

科技人才的专业素养和创新能力是影响区域科技创新平台运行效率的关键因素。具备跨学科知识背景的人才能够从不同角度思考问题，为创新提供多元化的思路。在生物医药领域，既懂医学知识又掌握生物技术和信息技术的复合型人才，能够更好地开展药物研发、疾病诊断等创新工作。创新思维和实践能力强的人才能够快速将科研成果转化为实际应用，提高创新成果的转化率。以大疆创新的研发团队为例，团队成员不仅具备扎实的专业知识，还具有强烈的创新意识和实践能力，使大疆在无人机技术领域不断创新，推出了一系列具有创新性和市场竞争力的产品，带动了相关区域科技创新平台在无人机领域的快速发展。

（3）平台管理水平

科学有效的管理机制是区域科技创新平台高效运行的保障。合理的组织架构能够明确各部门和人员的职责分工，提高工作效率。例如，一些成功的科技创新平台采用扁平化的组织架构，减少管理层级，使信息传递更加迅速，决策更加高效。完善的激励机制能够激发科研人员的积极性和创造性。通过设立科研成果奖励、项目提成等激励措施，鼓励科研人员勇于创新，提高科研成果的质量和数量。有效的资源配置能力能够确保平台的人力、物力、财力等资源得到合理利用，避免资源浪费。如一些平台通过建立资源共享平台，实现了科研设备、实验数据等资源的共享，提高了资源的利用效率。

4.2 外部因素

（1）政策环境

政府的科技政策对区域科技创新平台的运行效率有着重要影响。财政支持政策如科技研发补贴、创新基金等，能够直接为平台提供资金支持，降低创新成本，鼓励平台开展更多的创新活动。税收优惠政策如研发费用加计扣除、高新技术企业税收减免等，能够减轻企业负担，提高企业创新的积极性。例如，政府对高新技术企业给予15%的企业所得税优惠税率，相比一般企业25%的税率，大大降低了企业的税负，激励企业加大研发投入，提升创新能力。产业政策引导能够促进科技创新平台与产业需求的对接，推动科技成果的产业化应用。如政府出台的新能源汽车产业政策，引导科技创新平台加大在电池技术、自动驾驶技术等方面的研发投入，促进了新能源汽车产业的快速发展。

（2）区域产业结构

区域产业结构对科技创新平台的运行效率具有重要影响。产业结构的优化升级能够为科技创新提供广阔的市场需求和应用场景。以智能制造产业为例，随着制造业向智能化方向发展，工业互联网、人工智能、机器人等技术的需求不断增加，促使科技创新平台加大在这些领域的研发投入，推动相关技术的创新和应用，提高创新效率。产业集群的形成能够促进创新资源的集聚和共享，加强企业之间的合作与交流，形成协同创新效应。例如，北京中关村软件园形成了软件和信息技术服务产业集群，众多企业聚集在一起，共享人才、技术、信息等资源，开展合作研发和技术交流，提高了区域科技创新平台的创新能力和运行效率。

（3）市场需求

市场需求是科技创新的重要驱动力。市场对新产品、新技术的需求能够引导区域科技创新平台的研发方向，提高创新成果的市场适应性和转化率。随着消费者对智能手机拍照功能要求的不断提高，科技创新平台加大了在图像传感器、影像算法等方面的研发投入，推动了手机拍照技术的不断创新，研发出的新技术能够迅速应用到新产品中，满足市场需求，提高了创新效率。市场竞争压力能够促使企业加大创新投入，提高创新能力，进而推动区域科技创新平台的发展。在激烈的市场竞争中，企业为了获得竞争优势，不得不加大研发投入，开展技术创新，这也带动了区域科技创新平台的发展，提高了其运行效率。

5　案例分析

5.1　长三角高科技园区案例

选取长三角地区22个高科技园区作为研究案例，深入分析其在技术创新与成果产业化过程中的运行效率及存在的问题。在技术创新阶段，通过对研发投入强度、科研人员数量及质量、科研基础设施等投入指标与专利申请数量、科技论文发表数量等产出指标的分析，发现部分高科技园区在技术创新效率上存在较大差异。例如，上海张江高科技园区凭借其丰富的科研资源、完善的创新生态以及强大的人才集聚效应，在技术创新方面表现出色。园区内汇聚了众多高校和科研机构，如复旦大学、上海交通大学等，为园区提供了源源不断的科研成果和创新人才。同时，园区积极出台鼓励创新的政策，吸引了大量高科技企业入驻，形成了良好的创新氛围，其专利申请数量和科技论文发表数量在22个高科技园区中名列前茅，技术创新效率较高。

然而，一些位于长三角相对欠发达地区的高科技园区，由于科研投入相对不足，科研人员流失严重，科研基础设施相对薄弱，导致技术创新效率较低。这些园区在吸引高端科研人才方面面临较大困难，研发投入也难以满足创新需求，限制了技术创新能力的提升，专利申请数量和科技论文发表数量较少。

在成果产业化阶段，关注科技成果转化率、新产品销售收入、高新技术产业产值等指标。以苏州工业园区为例，该园区在成果产业化方面表现突出，通过完善的产业配套体系、高效的科技成果转化服务平台以及积极的产业政策引导，有效地促进了科技成果的产业化应用。园区内建立了多个科技成果转化服务机构，为企业提供技术转移、成果孵化、产业化咨询等一站式服务，帮助企业快速将科技成果转化为实际生产力。同时，园区注重培育和发展高新技术产业，形成了以电子信息、生物医药、纳米技术等为主导的产业集群，新产品销售收入和高新技术产业产值持续增长，成果产业化效率较高。

但部分园区在成果产业化过程中存在成果转化渠道不畅、企业与科研机构合作不紧密等问题，导致科技成果难以顺利转化为经济效益。一些科研机构的研究成果与市场需求脱节，无法满足企业的实际需求；而企业在获取科研成果后，由于缺乏相应的技术支持和资金投入，难以将成果进行产业化生产。此外，部分园区的产业配套不完善，也影响了科技成果的产业化进程，导致成果产业化效率较低。

5.2　其他典型区域案例

除长三角地区外，选取京津冀地区的中关村科技园区和粤港澳大湾区的深圳高新技术产业园区作为其他典型区域的科技创新平台案例进行对比分析。

中关村科技园区作为我国科技创新的高地，具有独特的优势。其拥有丰富的高校和科研机构资源，如清华大学、北京大学等，为园区提供了强大的科研支持和人才储备。同时，中关村地区的政策环境优越，政府出台了一系列鼓励创新创业的政策，如税收优惠、创业补贴、知识产权保护等，激发了企业的创新活力。此外，中关村的金融资源丰富，风险投资、私募股权投资等各类金融机构活跃，为科技创新企业提供了充足的资金支持。在创新效率方面，中关村科技园区的专利申请数量和授权数量一直位居全国前列，高新技术产业发展迅速，在人工智能、大数据、生物医药等领域取得了众多创新成果，创新成果的产业化应用也较为成功，带动了区域经济的快速发展。

深圳高新技术产业园区则依托粤港澳大湾区的产业优势和开放的市场环境，在科技创新方面展现出强大的竞争力。深圳拥有众多创新型企业，如华为、腾讯、大疆等，这些企业在市场竞争中不断加大研发投入，形成了强大的自主创新能力。深圳高新技术产业园区注重产学研合作，加强与高校和科研机构的交流与合作，促进科技成果的快速转化。同时，园区积极拓展国际市场，加强与国际科技企业的合作与交流，引进国外先进技术和创新资源，提升了园区的创新水平和国际竞争力。在创新效率方面，深圳高新技术产业园区的科技成果转化率较高，新产品销售收入占比较大，在电子信息、新能源、新材料等领域形成了完整的产业链，推动了区域产业的升级和发展。

通过对比不同区域平台的特点和效率差异可以发现，区域科技创新平台的运行效率受到多种因素的影响。区域的科研资源、人才储备、政策环境、产业基础、市场开放程度等因素都会对平台的创新效率产生重要影响。拥有丰富科研资源和高素质人才的区域，能够为科技创新提供坚实的基础；良好的政策环境能够激发创新主体的积极性和创造性；完善的产业基础和开放的市场环境则有利于科技成果的产业化应用和市场推广。因此，各区域应根据自身的特点和优势，优化创新资源配置，完善政策支持体系，加强产学研合作，提升区域科技创新平台的运行效率，推动区域经济的高质量发展。

第八章

区域科技创新平台案例分析

在当今全球科技竞争白热化、创新成为经济发展核心驱动力的时代，区域科技创新平台的战略地位愈发凸显。它们如同区域创新版图中的璀璨明珠，将人才、技术、资本等关键创新要素紧密汇聚，搭建起知识交流与技术转化的高速桥梁，在区域创新体系中发挥着无可替代的引领和支撑作用。本章案例分析将深入剖析几个具有代表性的区域科技创新平台，从其独特的发展轨迹、创新实践路径、遭遇的挑战及应对策略等多个维度进行深度挖掘，为其他地区平台的规划、建设与升级提供具有价值的参考蓝本。

1 中关村软件园——数字经济时代的创新高地

1.1 中关村软件园平台概况

中关村软件园诞生于2000年，作为中关村国家自主创新示范区里专注于新一代信息技术产业的高端专业园区，其规划占地2.6平方千米。历经二十多年的砥砺前行，这里已汇聚了百度、腾讯、联想、甲骨文等一大批国内外知名企业。它们围绕软件和信息服务领域，构建起完整且富有活力的产业集群，成为中国数字经济发展的关键引擎之一。园区不仅拥有现代化的办公设施、便捷的交通网络，还配备了完善的生活配套设施，为企业和人才营造了舒适、高效的创新创业环境。

1.2 创新发展模式

（1）产业生态构建

中关村软件园精心打造产业服务平台，全力促进企业间的合作与交流，逐步形成了一个涵盖软件开发、云计算、大数据、人工智能等多个前沿领域的有机产业生态。在这个生态中，企业之间相互依存、协同共进。例如，百度凭借其先进的人工智能技术，与园内众多专注于应用场景开发的企业紧密合作，将人工智能技术成功应用于智能交通、智慧医疗、智能家居等多个领域，实现了技术与市场的有效对接。

（2）创新孵化与加速服务体系

软件园专门设立了功能齐全的孵化器和加速器，为初创企业提供从创业初期到成长阶段的全方位支持。除了提供办公场地、资金扶持外，还配备专业的技术导师团队，为企业提供技术指导；邀请行业资深专家开展市场推广、战略规划等方面的培训和咨询。以创业邦为例，作为园区内知名的孵化器，通过举办创业大赛、创业培训、项目路演等系列活动，挖掘并培育了大量优质创业项目，许多初创企业在其助力下迅速成长，走向市场。

（3）产学研深度融合机制

软件园积极与清华大学、北京大学等国内顶尖高校及科研机构开展合作，共同建设研发中心、实验室等创新载体。通过产学研合作项目，高校的科研成果得以在园区内快速转化为实际生产力。比如，清华大学在人工智能领域的前沿科研成果，在园区内企业的应用中不断被优化和完善，不仅提升了企业的技术创新能力，也推动了高校科研与市场需求的紧密结合。

1.3　创新成果与深远影响

（1）显著的经济贡献

中关村软件园已成为区域经济发展的重要支柱。截至2022年，园区企业总收入突破8 000亿元，税收贡献达到500亿元，直接带动就业人数超过30万。众多企业在软件园的培育下发展壮大，如字节跳动、百度、联想等，已成为行业的领军者，为区域经济增长注入强劲动力。在人工智能、大数据、云计算等关键领域，中关村软件园取得了一系列具有国际影响力的重大技术突破，引领了技术创新的潮流。百度的深度学习框架、字节跳动的算法技术等，不仅在国内处于领先地位，在全球范围内也具有广泛的影响力，引领了行业技术发展方向，推动了整个行业的技术升级。

（2）强大的产业辐射带动效应

1）技术创新辐射

中关村软件园汇聚了大量高科技企业和研发机构，成为技术创新的重要源头。园区内企业在人工智能、大数据、云计算、区块链等前沿领域的技术突破，带动了上下游产业链的升级，辐射至全国乃至全球市场。

2）产业集群效应

园区形成了以软件和信息服务业为核心，涵盖互联网、金融科技、智能制造等多个领域的产业集群。这种集聚效应吸引了更多优质企业和人才入驻，进一步扩大了区域经济的影响力。

3）创新创业生态

中关村软件园构建了完善的创新创业生态体系，包括孵化器、加速器、投资基金等，为初创企业提供全方位支持。这种模式不仅培育了字节跳动、滴滴出行等独角兽企业，还带动了周边区域的创新创业活力。

4）人才集聚与培养

园区吸引了大量高端人才，形成了人才高地。同时，通过与高校、科研机构的合作，园区为企业输送了大量高素质人才，推动了区域人才结构的优化和升级。

5）区域经济协同发展

中关村软件园的成功经验被推广到其他地区，带动了全国多个科技园区的发展。例如，其管理模式和创新理念被推广至雄安新区、粤港澳大湾区等地，促进了区域经济的协同发展。

6）国际化合作

园区积极推动国际化合作，吸引了众多跨国企业和国际研发机构入驻。这种国际合作不仅提升了园区的全球竞争力，还带动了国内企业"走出去"，参与全球市场竞争。

总之，中关村软件园通过技术创新、产业集群、创新创业生态、人才集聚等多方面的辐射带动效应，成为推动区域经济高质量发展的重要引擎，并为全国科技创新和产业升级提供了示范和引领作用。

1.4   面临挑战与应对策略

中关村软件园作为中国科技创新的核心区域，在过去几十年中取得了令人瞩目的成就，成为全球知名的科技创新高地。然而，随着国内外经济环境的变化、技术革新的加速以及市场竞争的加剧，中关村软件园也面临着诸多挑战。

（1）中关村软件园面临的主要挑战

1）国际竞争压力加剧

全球科技竞争白热化：美国硅谷、以色列、欧洲等全球科技创新中心在人工智能、量子计算、生物科技等领域的快速发展，给中关村软件园造成了巨大的竞争压力。

技术封锁与供应链风险：近年来，国际局势复杂多变，部分国家对中国实施的技术封锁和供应链限制，影响了园区内企业的技术引进和国际化布局。

2）技术创新瓶颈

基础研究薄弱：尽管中关村软件园在应用技术领域取得了显著成就，但在基础研究方面仍存在短板，原创性技术突破较少。

技术同质化严重：园区内部分企业存在技术同质化问题，导致创新动力不足，难以形成差异化竞争优势。

3）人才竞争与流失

高端人才争夺激烈：全球范围内对高端科技人才的争夺日益激烈，中关村软件园面临来自国内其他科技园区（如深圳、杭州）以及国际竞争对手的人才竞争压力。

人才流失风险：部分高端人才因生活成本高、工作压力大等原因选择离开，影响了园区的创新活力。

4）产业生态优化不足

产业链协同不足：尽管园区内企业众多，但上下游产业链的协同效应尚未完全发挥，部分中小企业难以融入核心企业的创新生态。

创新创业支持体系待完善：虽然园区提供了孵化器和投资基金等支持，但在政策落地、资源对接等方面仍存在不足，初创企业的成长环境有待优化。

5）区域发展不平衡

空间资源有限：中关村软件园的土地资源趋于饱和，难以满足更多企业的扩张需求。

周边配套设施不足：园区周边的交通、住房、教育等配套设施尚未完全跟上发展步伐，影响了企业和人才的长期发展。

6）可持续发展压力

能源消耗与环境污染：随着园区规模的扩大，能源消耗和环境污染问题日益突出，如何实现绿色发展成为一大挑战。

社会责任与合规要求：企业在快速发展的同时，面临更高的社会责任和合规要求，如何在经济效益与社会责任之间取得平衡是园区需要解决的问题。

（2）应对策略与解决方案

1）加强国际合作，提升全球竞争力

深化"一带一路"合作：借助"一带一路"倡议，加强与沿线国家在科技领域的合作，推动园区企业的技术输出和市场拓展。

建立国际研发中心：鼓励园区企业在海外设立研发中心，吸引国际顶尖人才，提升技术研发能力。

优化国际化营商环境：通过政策支持和服务优化，吸引更多跨国企业和国际机构入驻，提升园区的国际化水平。

2）加大基础研究投入，突破技术瓶颈

政府与企业协同发力：政府应加大对基础研究的资金支持，同时鼓励企业设立研究院，推动原创性技术的突破。

建立产学研合作平台：加强与高校、科研机构的合作，建立联合实验室和技术转化中心，促进科研成果的产业化。

鼓励技术差异化发展：通过政策引导和资源倾斜，支持企业开发具有自主知识产权的核心技术，避免同质化竞争。

3）优化人才政策，打造人才高地

完善人才引进机制：通过提供住房补贴、税收优惠等政策，吸引全球高端人才入驻。

加强人才培养与留用：与高校合作设立定制化人才培养项目，同时优化园区的工作环境和文化氛围，降低人才流失率。

推动人才国际化：鼓励园区企业参与国际人才交流项目，提升人才的国际化视野和能力。

4）构建协同创新生态，提升产业链价值

推动大中小企业融通发展：通过政策引导和平台搭建，促进大企业与中小企业合作，形成协同创新的产业生态。

完善创新创业支持体系：优化孵化器和投资基金的服务模式，为初创企业提供更多资源对接和市场拓展机会。

打造开放共享平台：建立技术共享平台和产业联盟，推动园区内企业之间的技术交流与合作。

5）拓展发展空间，优化区域布局

推动"一园多区"模式：在现有园区基础上，向周边区域拓展，形成"一园多区"的发展格局，缓解空间资源压力。

提升配套设施水平：加快交通、住房、教育等配套设施的建设，为企业和人才提供更加便利的生活和工作环境。

推动区域协同发展：与京津冀地区其他科技园区协同发展，形成区域创新网络，提升整体竞争力。

6）践行绿色发展理念，实现可持续发展

推广绿色技术应用：鼓励园区企业采用节能环保技术，降低能源消耗和减少环境污染。

建设绿色智慧园区：通过智能化管理手段，优化园区的能源使用和资源配置，打造绿色智慧园区。

强化企业社会责任：引导企业履行社会责任，推动可持续发展理念在园区的落地实施。

2　深圳湾科技生态园——科技创新与产业融合的典范

2.1　深圳湾科技生态园平台概况

深圳湾科技生态园是深圳高新区的核心园区之一，占地面积20.3万平方米，总建筑面积约120万平方米。园区聚焦新一代信息技术、生物、新能源、新材料等战略性新兴产业，凭借其优越的地理位置、完善的基础设施和优质的产业服务，吸引了华为、中兴、腾讯等众多创新型企业和研发机构入驻，成为科技创新与产业融合发展的前沿阵地。园区内规划合理，设有研发办公区、产业孵化区、生活配套区等多个功能区域，为企业提供全方位的发展支持。

2.2　创新发展模式

（1）产业集群化发展战略

深圳湾科技生态园围绕战略性新兴产业，打造了多个特色鲜明、优势突出的产业集群。以新一代信息技术产业为例，园区内汇聚了行业龙头企业以及大量上下游配套企业，形成了完整的产业链条。企业之间通过紧密的产业协同，实现了资源共享、技术交流和优势互补，有效提升了整个产业集群的竞争力。例如，华为在5G技术研发和应用过程中，与园内众多配套企业合作，共同推动了5G产业的快速发展。

（2）创新平台建设与运营

园区大力建设各类创新平台，包括国家级孵化器、众创空间、公共技术服务平台等。深圳湾创业广场作为园区的创新核心区域，汇聚了众多知名创业服务机构和投资机构，为创业者提供一站式创业服务，涵盖项目孵化、技术支持、资金对接、市场推广等各个环节，极大地激发了创新创业活力。园区通过举办各类创新创业活动，吸引了大量优质创业项目入驻。

（3）国际化发展战略与实践

积极推动企业开展国际合作，深度融入全球创新网络，吸引国际创新资源。园区内的企业与欧美、日韩等国家和地区的企业在技术研发、市场拓展、人才交流等方面开展广泛合作。例如，华为在园区内设立全球研发中心，与国际顶尖科研机构合作，共同开展5G、人工智能等前沿技术研究，不断提升自身的技术创新能力和国际竞争力。

2.3 创新成果与广泛影响

（1）科技与产业深度融合

1）前沿技术突破

人工智能与大数据：园区内聚集了众多人工智能和大数据领域的企业，如腾讯、商汤科技等，在计算机视觉、自然语言处理、智能推荐系统等方面取得了显著成果。

生物科技与医疗健康：华大基因、迈瑞医疗等企业在基因测序、精准医疗、医疗器械等领域实现了技术突破，推动了生物科技产业的快速发展。

5G与物联网：华为、中兴等企业在5G通信技术和物联网应用方面处于全球领先地位，为智慧城市、工业互联网等领域提供了技术支撑。

2）产业生态构建

产业链协同创新：深圳湾科技生态园通过构建"龙头企业+中小企业+初创企业"的产业生态，实现了产业链上下游的高效协同。例如，腾讯开放平台为中小企业提供了技术支持和市场资源，推动了生态内企业的共同成长。

创新创业孵化体系：园区内设有多个孵化器和加速器，为初创企业提供资金、技术、市场等多方面的支持。例如，深圳湾创业广场已成为全国知名的创新创业孵化基地。

3）科技成果转化

产学研深度融合：园区与清华大学、北京大学等高校以及中国科学院等科研机构合作，建立了多个联合实验室和技术转化中心，推动科研成果的产业化。

创新产品与应用：园区企业推出的创新产品广泛应用于各行各业。例如，腾讯的微信和支付宝的移动支付技术改变了人们的生活方式，大疆的无人机技术在农业、物流等领域得到了广泛应用。

（2）广泛影响：区域与全球辐射效应

1）区域经济带动

经济增长引擎：深圳湾科技生态园作为深圳市的经济增长引擎，吸引了大量高科技企业入驻，创造了数十万个就业岗位，为地方经济贡献了巨额税收。

产业升级推动者：园区通过技术创新和产业融合，推动了深圳市从传统制造业向高端制造业和服务业的转型升级。

2）全国示范效应

模式复制与推广：深圳湾科技生态园的成功经验被复制到全国其他地区。例如，其"科技+金融+产业"的发展模式在雄安新区、成都高新区等地得到了推广。

政策创新试验田：园区在政策创新方面走在全国前列，例如试行"负面清单"管理模式、推动知识产权保护等，为全国科技园区的发展提供了借鉴。

3）全球影响力提升

国际化合作平台：深圳湾科技生态园吸引了众多跨国企业和国际研发机构入驻，成为全球科技合作的重要平台。例如，苹果、英特尔等国际巨头在园区设立了研发中心。

技术输出与标准制定：园区企业在全球范围内输出技术和产品，并参与国际标准的制定。例如，华为在5G技术领域的领先地位使其成为全球通信标准的重要制定者。

4）社会效益显著

智慧城市建设：园区企业通过技术创新推动了深圳市智慧城市的建设。例如，腾讯的"智慧交通"系统和华为的"智慧安防"技术提升了城市管理效率。

绿色发展与可持续发展：园区积极推广绿色建筑和节能技术，打造了低碳环保的科技园区典范。例如，园区内大量采用太阳能发电和雨水回收系统，减少了能源消耗和环境污染。

2.4 面临挑战与应对策略

深圳湾科技生态园作为粤港澳大湾区科技创新的核心载体，以其卓越的产业融合能力和创新成果成为全球瞩目的科技园区典范。然而，随着国内外经济环境的变化、技术革新的加速以及市场竞争的加剧，深圳湾科技生态园也面临着一系列挑战。

（1）深圳湾科技生态园面临的主要挑战

1）国际竞争压力加剧

全球科技竞争白热化：美国硅谷、以色列、欧洲等全球科技创新中心在人工智能、量子计算、生物科技等领域的快速发展，给深圳湾科技生态园造成了巨大的竞争压力。

技术封锁与供应链风险：国际局势复杂多变，部分国家对中国实施的技术封锁和供应链限制，影响了园区内企业的技术引进和国际化布局。

2）技术创新瓶颈

基础研究薄弱：尽管深圳湾科技生态园在应用技术领域取得了显著成就，但在基础研究方面仍存在短板，原创性技术突破较少。

技术同质化严重：园区内部分企业存在技术同质化问题，导致创新动力不足，难以形成差异化竞争优势。

3）人才竞争与流失

高端人才争夺激烈：全球范围内对高端科技人才的争夺日益激烈，深圳湾科技生态园面临来自国内其他科技园区（如北京中关村、上海张江）以及国际竞争对手的人才竞争压力。

人才流失风险：部分高端人才因生活成本高、工作压力大等原因选择离开，影响了园区的创新活力。

4）产业生态优化不足

产业链协同不足：尽管园区内企业众多，但上下游产业链的协同效应尚未完全发挥，部分中小企业难以融入核心企业的创新生态。

创新创业支持体系待完善：虽然园区提供了孵化器和投资基金等支持，但在政策落地、资源对接等方面仍存在不足，初创企业的成长环境有待优化。

5）区域发展不平衡

空间资源有限：深圳湾科技生态园的土地资源趋于饱和，难以满足更多企业的扩张需求。

周边配套设施不足：园区周边的交通、住房、教育等配套设施尚未完全跟上发展步伐，影响了企业和人才的长期发展。

6）可持续发展压力

能源消耗与环境污染：随着园区规模的扩大，能源消耗和环境污染问题日益突出，如何实现绿色发展成为一大挑战。

社会责任与合规要求：企业在快速发展的同时，面临更高的社会责任和合规要求，如何在经济效益与社会责任之间取得平衡是园区需要解决的问题。

（2）应对策略与解决方案

1）加强国际合作，提升全球竞争力

深化"一带一路"合作：借助"一带一路"倡议，加强与沿线国家在科技领域的合作，推动园区企业的技术输出和市场拓展。

建立国际研发中心：鼓励园区企业在海外设立研发中心，吸引国际顶尖人才，提升技术研发能力。

优化国际化营商环境：通过政策支持和服务优化，吸引更多跨国企业和国际机构入驻，提升园区的国际化水平。

2）加大基础研究投入，突破技术瓶颈

政府与企业协同发力：政府应加大对基础研究的资金支持，同时鼓励企业设立研究院，推动原创性技术的突破。

建立产学研合作平台：加强与高校、科研机构的合作，建立联合实验室和技术转化中心，促进科研成果的产业化。

鼓励技术差异化发展：通过政策引导和资源倾斜，支持企业开发具有自主知识产权的核心技术，避免同质化竞争。

3）优化人才政策，打造人才高地

完善人才引进机制：通过提供住房补贴、税收优惠等政策，吸引全球高端人才入驻。

加强人才培养与留用：与高校合作设立定制化人才培养项目，同时优化园区的工作环境和文化氛围，降低人才流失率。

推动人才国际化：鼓励园区企业参与国际人才交流项目，提升人才的国际化视野和能力。

4）构建协同创新生态，提升产业链价值

推动大中小企业融通发展：通过政策引导和平台搭建，促进大企业与中小企业的合作，形成协同创新的产业生态。

完善创新创业支持体系：优化孵化器和投资基金的服务模式，为初创企业提供更多资源对接和市场拓展机会。

打造开放共享平台：建立技术共享平台和产业联盟，推动园区内企业之间的技术交流与合作。

5）拓展发展空间，优化区域布局

推动"一园多区"模式：在现有园区基础上，向周边区域拓展，形成"一园多区"的发展格局，缓解空间资源压力。

提升配套设施水平：加快交通、住房、教育等配套设施的建设，为企业和人才提供更加便利的生活和工作环境。

推动区域协同发展：与粤港澳大湾区其他科技园区协同发展，形成区域创新网络，提升整体竞争力。

6）践行绿色发展理念，实现可持续发展

推广绿色技术应用：鼓励园区企业采用节能环保技术，降低能源消耗和减少环境污染。

建设绿色智慧园区：通过智能化管理手段，优化园区的能源使用和资源配置，打造绿色智慧园区。

强化企业社会责任：引导企业履行社会责任，推动可持续发展理念在园区的落地实施。

3 苏州工业园区——开放创新的国际合作平台

3.1 苏州工业园区平台概况

苏州工业园区是中国和新加坡两国政府间的重要合作项目，自1994年成立以来，经过多年的快速发展，已成为中国对外开放的重要窗口和区域创新发展的示范区。园区规划面积278平方千米，其中中新合作区80平方千米。其凭借独特的区位优势、完善的基础设施和优越的投资环境，吸引了大量国内外优质企业和创新资源集聚。园区内交通便利，拥有现代化的港口和高速公路网络等，为企业的发展提供了便捷的物流和交通条件。

3.2　创新发展模式

（1）国际合作创新模式

苏州工业园区充分发挥中新合作的独特优势，积极引进新加坡的先进管理经验、技术和资金，与国内企业开展深度合作创新。在城市规划、园区管理、产业发展等方面，全面借鉴新加坡的成功经验，同时吸引了众多新加坡企业和国际知名企业入驻，形成了国际化的产业发展格局。例如，在园区管理方面，引入新加坡的先进管理理念和模式，提高了园区的管理效率和服务水平。

（2）产业创新驱动发展战略

园区聚焦高端制造、生物医药、新一代信息技术等战略性新兴产业，通过打造专业化创新平台、培育创新型企业、加强创新人才培养等措施，推动产业创新发展。建设了苏州纳米城、生物医药产业园等特色专业园区，吸引了大量创新型企业和研发机构入驻，形成了产业集聚效应和创新发展优势。在纳米技术领域，园区集聚了一批顶尖的科研机构和企业，开展前沿技术研究和产业化应用。

（3）人才引领发展战略

园区高度重视人才工作，出台了一系列具有吸引力的人才政策，积极吸引国内外高端人才。设立了人才发展专项资金，为人才提供住房、子女教育、医疗等全方位的保障。同时，加强与国内外高校、科研机构的合作，建立人才联合培养机制，开展多层次、多领域的人才培养和引进工作，为园区的创新发展提供了坚实的人才支撑。与多所高校合作开展人才培养项目，为企业定向输送专业人才。

3.3　创新成果与重要影响

（1）创新成果：科技与产业深度融合

1）前沿技术突破

生物医药与健康科技：苏州工业园区在生物医药领域取得了显著成就，吸引了强生、礼来等国际医药巨头入驻。园区内的信达生物、基石药业等本土企业在抗体药物、基因治疗等领域实现了技术突破。

纳米技术与新材料：园区内的苏州纳米城是全球知名的纳米技术产业基

地，吸引了华为、中国科学院苏州纳米技术与纳米仿生研究所等机构入驻，在纳米材料、传感器等领域取得了重要成果。

人工智能与智能制造：园区内的人工智能企业如思必驰、科沃斯等在语音识别、机器人技术等领域处于国内领先地位，推动了智能制造产业的发展。

2）产业生态构建

产业链协同创新：苏州工业园区通过构建"龙头企业+中小企业+初创企业"的产业生态，实现了产业链上下游的高效协同。例如，强生苏州研发中心为园区内的中小企业提供了技术支持和市场资源。

创新创业孵化体系：园区内设有多个孵化器和加速器，为初创企业提供资金、技术、市场等多方面的支持。例如，苏州国际科技园已成为全国知名的创新创业孵化基地。

3）科技成果转化

产学研深度融合：园区与苏州大学、西交利物浦大学等高校以及中国科学院等科研机构合作，建立了多个联合实验室和技术转化中心，推动科研成果的产业化。

创新产品与应用：园区企业推出的创新产品广泛应用于各行各业。例如，科沃斯的家用机器人产品在全球市场占据重要份额，信达生物的抗癌药物惠及全球患者。

（2）重要影响：区域与全球辐射效应

1）区域经济带动

经济增长引擎：苏州工业园区作为苏州市的经济增长引擎，吸引了大量高科技企业入驻，创造了数十万个就业岗位，为地方经济贡献了巨额税收。

产业升级推动者：园区通过技术创新和产业融合，推动了苏州市从传统制造业向高端制造业和服务业的转型升级。

2）全国示范效应

模式复制与推广：苏州工业园区的成功经验被复制到全国其他地区。例如，其"政府引导+市场化运作"的发展模式在天津滨海新区、重庆两江新区等地得到了推广。

政策创新试验田：园区在政策创新方面走在全国前列，例如试行"负面清单"管理模式、推动知识产权保护等，为全国产业园区的发展提供了借鉴。

3）全球影响力提升

国际化合作平台：苏州工业园区吸引了众多跨国企业和国际研发机构入驻，成为全球科技合作的重要平台。例如，三星、博世等国际巨头在园区设立了研发中心。

技术输出与标准制定：园区企业在全球范围内输出技术和产品，并参与国际标准的制定。例如，华为苏州研究所在5G技术领域的领先地位使其成为全球通信标准的重要制定者。

4）社会效益显著

智慧城市建设：园区企业通过技术创新推动了苏州市智慧城市的建设。例如，科沃斯的智能家居产品和华为的智慧安防技术提升了城市管理效率。

绿色发展与可持续发展：园区积极推广绿色建筑和节能技术，打造了低碳环保的产业园区典范。例如，园区内广泛采用太阳能发电和雨水回收系统，减少了能源消耗和环境污染。

3.4　面临挑战与应对策略

苏州工业园区作为中国与新加坡两国政府间的重要合作项目，自1994年成立以来，已成为中国对外开放和科技创新的重要窗口。然而，随着国内外经济环境的变化、技术革新的加速以及市场竞争的加剧，苏州工业园区也面临着一系列挑战。

（1）苏州工业园区面临的主要挑战

1）国际竞争压力加剧

全球科技竞争白热化：美国硅谷、以色列、欧洲等全球科技创新中心在人工智能、量子计算、生物科技等领域的快速发展，给苏州工业园区造成了巨大的竞争压力。

技术封锁与供应链风险：国际局势复杂多变，部分国家对中国实施的技术封锁和供应链限制，影响了园区内企业的技术引进和国际化布局。

2）技术创新瓶颈

基础研究薄弱：尽管苏州工业园区在应用技术领域取得了显著成就，但在基础研究方面仍存在短板，原创性技术突破较少。

技术同质化严重：园区内部分企业存在技术同质化问题，导致创新动力不足，难以形成差异化竞争优势。

3）人才竞争与流失

高端人才争夺激烈：全球范围内对高端科技人才的争夺日益激烈，苏州工业园区面临来自国内其他科技园区（如北京中关村、上海张江）以及国际竞争对手的人才竞争压力。

人才流失风险：部分高端人才因生活成本高、工作压力大等原因选择离开，影响了园区的创新活力。

4）产业生态优化不足

产业链协同不足：尽管园区内企业众多，但上下游产业链的协同效应尚未完全发挥，部分中小企业难以融入核心企业的创新生态。

创新创业支持体系待完善：虽然园区提供了孵化器和投资基金等支持，但在政策落地、资源对接等方面仍存在不足，初创企业的成长环境有待优化。

5）区域发展不平衡

空间资源有限：苏州工业园区的土地资源趋于饱和，难以满足更多企业的扩张需求。

周边配套设施不足：园区周边的交通、住房、教育等配套设施尚未完全跟上发展步伐，影响了企业和人才的长期发展。

6）可持续发展压力

能源消耗与环境污染：随着园区规模的扩大，能源消耗和环境污染问题日益突出，如何实现绿色发展成为一大挑战。

社会责任与合规要求：企业在快速发展的同时，面临更高的社会责任和合规要求，如何在经济效益与社会责任之间取得平衡是园区需要解决的问题。

（2）应对策略与解决方案

1）加强国际合作，提升全球竞争力

深化"一带一路"合作：借助"一带一路"倡议，加强与沿线国家在科技领域的合作，推动园区企业的技术输出和市场拓展。

建立国际研发中心：鼓励园区企业在海外设立研发中心，吸引国际顶尖人才，提升技术研发能力。

优化国际化营商环境：通过政策支持和服务优化，吸引更多跨国企业和国际机构入驻，提升园区的国际化水平。

2）加大基础研究投入，突破技术瓶颈

政府与企业协同发力：政府应加大对基础研究的资金支持，同时鼓励企业设立研究院，推动原创性技术的突破。

建立产学研合作平台：加强与高校、科研机构的合作，建立联合实验室和技术转化中心，促进科研成果的产业化。

鼓励技术差异化发展：通过政策引导和资源倾斜，支持企业开发具有自主知识产权的核心技术，避免同质化竞争。

3）优化人才政策，打造人才高地

完善人才引进机制：通过提供住房补贴、税收优惠等政策，吸引全球高端人才入驻。

加强人才培养与留用：与高校合作设立定制化人才培养项目，同时优化园区的工作环境和文化氛围，降低人才流失率。

推动人才国际化：鼓励园区企业参与国际人才交流项目，提升人才的国际化视野和能力。

4）构建协同创新生态，提升产业链价值

推动大中小企业融通发展：通过政策引导和平台搭建，促进大企业与中小企业的合作，形成协同创新的产业生态。

完善创新创业支持体系：优化孵化器和投资基金的服务模式，为初创企业提供更多资源对接和市场拓展机会。

打造开放共享平台：建立技术共享平台和产业联盟，推动园区内企业之间的技术交流与合作。

5）拓展发展空间，优化区域布局

推动"一园多区"模式：在现有园区基础上，向周边区域拓展，形成"一园多区"的发展格局，缓解空间资源压力。

提升配套设施水平：加快交通、住房、教育等配套设施的建设，为企业和人才提供更加便利的生活和工作环境。

推动区域协同发展：与长三角地区其他科技园区协同发展，形成区域创新网络，提升整体竞争力。

6）践行绿色发展理念，实现可持续发展

推广绿色技术应用：鼓励园区企业采用节能环保技术，降低能源消耗和减少环境污染。

建设绿色智慧园区：通过智能化管理手段，优化园区的能源使用和资源配置，打造绿色智慧园区。

强化企业社会责任：引导企业履行社会责任，推动可持续发展理念在园区的落地实施。

4 案例总结与启示

中关村软件园、深圳湾科技生态园和苏州工业园区作为中国科技园区的典范，凭借其独特的定位、完善的创新生态、强有力的政策支持以及开放的国际合作理念，取得了显著的成功。这些园区的经验不仅为国内其他科技园区提供了宝贵的借鉴，也为全球科技创新和产业融合提供了重要启示。以下将从四个方面总结其成功经验，并进一步扩充分析。

4.1 成功经验总结

（1）精准产业定位，打造集群优势

1）精准的产业定位是科技园区成功的关键

中关村软件园、深圳湾科技生态园和苏州工业园区都通过聚焦特定产业领域，形成了鲜明的产业集群优势。

中关村软件园：聚焦新一代信息技术，尤其是人工智能、大数据、云计算等领域。园区内企业如字节跳动、百度、联想等，通过技术合作和资源共享，推动了人工智能技术在金融、医疗、教育等行业的广泛应用。例如，百度的人工智能平台"百度大脑"为园区内中小企业提供了技术支持，促进了技术成果的快速转化。

深圳湾科技生态园：围绕战略性新兴产业，重点发展人工智能、生物科技、5G通信等领域。园区内的腾讯、大疆、华大基因等企业，通过技术创新和产业协同，形成了完整的产业链。例如，大疆的无人机技术在农业、物流等领域的应用，推动了相关产业的智能化升级。

苏州工业园区：发力高端制造、生物医药和纳米技术等领域。园区内的信达生物、基石药业等企业在生物医药领域取得了突破性进展，而华为苏州研究所则在5G通信技术领域处于全球领先地位。通过精准定位，苏州工业园区吸引了大量国际企业入驻，形成了全球化的产业集群。

2）启示

科技园区应根据区域资源禀赋和产业基础，明确主导产业方向，避免同质化竞争。通过聚焦特定领域，吸引龙头企业入驻，带动上下游企业集聚，形成完整的产业链和生态圈。同时，园区应鼓励企业间的合作与资源共享，推动技术创新和成果转化，提升整体竞争力。

（2）完善创新生态，促进要素流动

1）创新生态系统的构建是科技园区可持续发展的核心

三大园区通过整合企业、高校、科研机构等创新主体，搭建创新平台，促进了技术、资本、人才等要素的高效流动。

中关村软件园：通过建立产学研合作平台，推动高校、科研机构与企业的深度融合。例如，园区与清华大学、北京大学等高校合作，设立了多个联合实验室，促进了科研成果的产业化。此外，园区还设立了多个孵化器和加速器，为初创企业提供资金、技术、市场等全方位支持。

深圳湾科技生态园：构建了"龙头企业+中小企业+初创企业"的创新生态。例如，腾讯开放平台为中小企业提供了技术支持和市场资源，推动了生态内企业的共同成长。园区内的深圳湾创业广场已成为全国知名的创新创业孵化基地，吸引了大量初创企业和投资机构入驻。

苏州工业园区：通过与苏州大学、西交利物浦大学等高校以及中国科学院等科研机构合作，建立了多个联合实验室和技术转化中心。园区还设立了多个风险投资基金，为初创企业提供了充足的资金支持，促进了创新成果的快速转化。

2）启示

科技园区应注重创新生态系统的构建，整合企业、高校、科研机构等创新主体，搭建开放共享的创新平台。通过设立孵化器、加速器和投资基金，为初创企业提供全方位支持，激发创新活力。同时，园区应推动产学研深度融合，促进科研成果的产业化，提升整体创新能力。

（3）政策大力扶持，优化发展环境

1）政府在科技园区的发展中扮演着重要角色

三大园区通过出台系列优惠政策，从土地供应、税收优惠到资金扶持、人才引进，为企业和人才提供了良好的发展环境。

中关村软件园：北京市政府通过土地政策、税收优惠等措施，支持园区企业发展。例如，园区内的高新技术企业享受15%的企业所得税优惠税率，降低了企业的运营成本。此外，政府还设立了专项资金，支持园区企业的技术研发和成果转化。

深圳湾科技生态园：深圳市政府通过政策创新，为园区企业提供了良好的发展环境。例如，园区试行"负面清单"管理模式，简化了企业注册和审批流程。此外，政府还设立了人才发展专项资金，为高端人才提供住房、教育、医疗等保障，吸引了大量高端人才入驻。

苏州工业园区：中国和新加坡两国政府通过政策支持，推动了园区的快速发展。例如，园区设立了人才发展专项资金，为高端人才提供住房、教育、医疗等保障。此外，政府还通过税收优惠、资金扶持等措施，支持园区企业的技术研发和国际化布局。

2）启示

政府在科技园区的发展中应发挥引导作用，通过政策支持优化发展环境。例如，提供土地、税收、资金等方面的优惠政策，降低企业的运营成本；设立人才发展专项资金，为高端人才提供住房、教育、医疗等保障，吸引和留住人才。同时，政府应推动政策创新，简化企业注册和审批流程，优化园区的营商环境。

（4）秉持开放理念，拓展国际合作

1）开放合作是科技园区融入全球创新网络的重要途径

三大园区通过积极开展国际合作，吸引了大量国际企业和高端人才，提升了全球竞争力。

中关村软件园：通过举办国际科技论坛和创新创业大赛，吸引了全球顶尖企业和人才入驻。例如，园区内的微软亚洲研究院与全球顶尖科研机构合作，开展前沿技术研究，推动了技术创新和成果转化。

深圳湾科技生态园：通过深化"一带一路"合作，加强与沿线国家在科技领域的合作。例如，华为在园区设立全球研发中心，与国际顶尖科研机构合作开展5G通信技术研究，推动了技术的全球应用。

苏州工业园区：借助中新合作优势，引进新加坡先进经验，吸引了大量国际企业入驻。例如，三星、博世等国际巨头在园区设立了研发中心，推动了技术的全球化和产业化。

2）启示

科技园区应秉持开放理念，积极参与国际合作，融入全球创新网络。通过举办国际科技论坛、创新创业大赛等活动，吸引全球顶尖企业和人才入驻；深化"一带一路"合作，加强与沿线国家在科技领域的合作，推动技术的全球应用。同时，园区应借鉴国际先进经验，提升管理水平和创新能力。

4.2　启示与展望

中关村软件园、深圳湾科技生态园和苏州工业园区的成功经验为全球科技园区的发展提供了重要启示。未来，科技园区应继续聚焦精准产业定位，构建完善的创新生态，优化政策支持，深化国际合作，推动科技创新和产业融合。同时，园区应积极探索新的发展模式，例如推动数字经济与实体经济的深度融合、布局未来产业（如量子科技、脑科学等），以及加强与国际顶尖科技园区的合作，进一步提升全球竞争力。总之，科技园区作为科技创新的重要载体，应在挑战中寻找机遇，在创新中实现突破，为区域经济乃至全球的科技进步和经济发展贡献更多力量。通过政府、企业和社会各界的共同努力，科技园区必将迎来更加辉煌的明天。

第九章

面向未来的区域科技创新平台

1 数字化转型与智能化升级：重塑区域创新格局

在全球科技飞速发展的时代浪潮中，数字化转型与智能化升级已成为区域科技创新平台发展的核心驱动力。它们不仅深刻改变了创新的方式和流程，更在重塑区域创新格局，为区域经济的可持续发展注入新的活力与动力。大数据、人工智能、区块链等新兴技术的崛起，为区域科技创新平台提供了前所未有的机遇，使其能够突破传统限制，实现创新能力的飞跃。

1.1 大数据：洞察创新需求的"火眼金睛"

在区域科技创新平台中，大数据技术宛如一双"火眼金睛"，能够深入洞察创新主体的需求与行为。通过收集、整合与分析海量的多源数据，包括企业的研发投入、专利申请、市场需求，以及科研人员的研究方向、成果产出等，平台得以全面了解创新生态系统的运行状况。

以某区域科技创新平台为例，通过对入驻企业的大数据分析，发现近年来人工智能领域的企业研发投入持续增长，专利申请数量也呈现爆发式增长。进一步分析市场需求数据，发现随着消费者对智能化产品需求的增加，人工智能技术在智能家居、智能医疗等领域的应用前景广阔。基于这些洞察，平台及时调整服务方向，为人工智能企业提供了更具针对性的创新资源，如组织相关领域的专家开展技术研讨会，搭建与上下游企业的合作平台等。这一系列举措不仅满足了企业的创新需求，还促进了区域内人工智能产业的快速发展。

大数据分析在优化创新资源配置方面也发挥着关键作用。通过建立创新资源匹配模型，平台能够根据企业的创新需求和资源特点，精准推荐合适的科研项目合作方、技术解决方案和市场渠道。例如，某科技企业计划开展一项关于新能源汽车电池技术的研发项目，但缺乏相关的实验设备和技术人才。平台通过大数据分析，为其推荐了一家拥有先进电池实验设备的科研机构，以及几位在电池技术领域有丰富经验的专家。通过合作，该企业顺利推进了研发项目，并取得了阶段性成果。

然而，大数据在区域科技创新平台的应用也面临着诸多挑战。数据安全与隐私保护问题尤为突出，数据一旦泄露，将对创新主体的利益造成严重损害。同时，大数据的质量和准确性也直接影响着分析结果的可靠性。为应对这些挑战，区域科技创新平台需要加强数据安全管理，采用先进的数据加密技术和访问控制机制，确保数据的安全性和隐私性。还需建立完善的数据质量管理体系，对数据进行清洗、验证和更新，提高数据的质量和准确性。

1.2　人工智能：驱动创新加速的"超级引擎"

人工智能技术在区域科技创新平台中扮演着"超级引擎"的角色，为技术研发和创新服务带来了革命性的变革。在技术研发领域，人工智能凭借其强大的数据分析、模型构建和实验模拟能力，成为科研人员的得力助手。

在生物医药研发中，新药的研发过程往往需要耗费大量的时间和资金。人工智能技术的应用可以大大缩短研发周期，降低研发成本。通过对海量生物医学数据的分析，人工智能可以预测药物的活性和副作用，筛选出更有潜力的药物候选分子。例如，英国的BenevolentAI公司利用人工智能技术，在短短几周内就筛选出了用于治疗罕见病的潜在药物靶点，而传统的研发方法可能需要数年时间。

在材料科学领域，人工智能可以通过对材料结构和性能数据的学习，预测新材料的性能，指导新材料的设计和合成。美国劳伦斯利弗莫尔国家实验室的研究人员利用机器学习算法，成功预测了新型高温超导材料的性能，为超导材料的研发开辟了新的路径。

在创新服务方面，人工智能的应用显著提升了服务效率和质量。智能客服利用自然语言处理技术，能够快速准确地理解用户的问题，并提供相应的解答和建议。例如，某区域科技创新平台的智能客服系统，每天能够处理数千条用户咨询，解决问题的准确率达到90%以上，大大减轻了人工客服的工作压力。

智能推荐系统则根据创新主体的偏好和需求，为其推荐相关的科技成果、创新项目和合作机会。以某科技成果转化平台为例，智能推荐系统通过对用户浏览历史、收藏记录和搜索关键词等数据的分析，为用户精准推荐符合其需求的科技成果。自引入智能推荐系统以来，平台的科技成果转化率提高了30%，有效促进了科技成果的转移转化。

然而，人工智能在区域科技创新平台的应用也面临着一些挑战。技术成熟度有待提高，部分人工智能算法在处理复杂问题时仍存在准确性和稳定性不足的问题。人工智能人才短缺也是制约其发展的重要因素。为解决这些问题，区域科技创新平台需要加强与高校、科研机构的合作，共同开展人工智能技术的研发和应用研究，提高技术成熟度。加大对人工智能人才的培养和引进力度，建立完善的人才培养体系，为人工智能技术的发展提供坚实的人才支撑。

1.3   区块链：构建创新信任基石的"坚固堡垒"

区块链技术以其去中心化、不可篡改、可追溯等特性，为区域科技创新平台构建了一座"坚固堡垒"，有效解决了创新过程中的信任问题，尤其是在知识产权保护和科技金融领域发挥着重要作用。

在知识产权保护方面，区块链技术为科技成果的产生、转移和应用过程提供了全程可追溯的记录。每一项科技成果在区块链上进行登记时，其相关信息，包括作者、时间、内容等，都会被加密存储，并形成一个不可篡改的区块。这些区块按照时间顺序链接成链，确保了知识产权的归属和权益得到有效保护。

例如，某软件研发公司开发了一款新型的软件产品，通过区块链技术进行知识产权登记。当该软件产品在市场上被使用或交易时，其每一次使用记录和交易信息都会被记录在区块链上。一旦发生知识产权纠纷，相关方可以通过区块链查询到软件的开发时间、作者信息以及所有的使用和交易记录，为维权提供确凿的证据。

在科技金融领域,区块链技术的应用实现了资金的安全流转和有效监管,降低了金融风险。通过智能合约,资金的发放、使用和回收等环节都可以按照预设的条件自动执行,提高了资金流转的效率和透明度。

以某区域科技创新平台的科技金融服务为例,平台与金融机构合作,利用区块链技术为科技企业提供融资服务。当企业申请融资时,其企业信息、项目信息和财务信息等都会被记录在区块链上。金融机构可以通过区块链实时查询企业的相关信息,评估企业的信用风险。在融资过程中,智能合约自动执行资金的发放和还款等操作,确保了资金的安全流转。同时,监管部门也可以通过区块链对融资过程进行实时监管,及时发现和防范金融风险。

尽管区块链技术在区域科技创新平台中展现出巨大的应用潜力,但在实际应用中仍面临一些挑战。区块链技术的应用成本较高,包括硬件设备、软件开发和维护等方面的成本。区块链相关的法律法规和监管政策尚不完善,在智能合约的法律效力、数据隐私保护等方面还存在一些不确定性。为推动区块链技术在区域科技创新平台中的广泛应用,政府和相关部门需要加强政策支持和引导,完善法律法规和监管政策,降低区块链技术的应用成本,为区块链技术的发展创造良好的环境。

1.4　技术融合与平台升级:打造创新生态的"智慧大脑"

大数据、人工智能、区块链等新兴技术并非孤立存在,它们之间的融合与协同发展正成为区域科技创新平台发展的新趋势。这种技术融合为平台的数字化转型和智能化升级提供了强大动力,使其能够打造成为创新生态的"智慧大脑",实现创新资源的高效配置和创新活动的精准管理。

大数据为人工智能提供了丰富的数据资源,使其能够进行更准确的模型训练和预测。人工智能则通过对大数据的分析和挖掘,为区块链的智能合约提供了自动执行和风险预警等功能。区块链技术的应用则确保了大数据和人工智能应用过程中的数据安全和可信度。

以某区域智能制造创新平台为例,该平台融合了大数据、人工智能和区块链技术,实现了生产过程的智能化管理和供应链的优化。通过大数据分析,平台实时收集和分析生产线上的设备运行数据、产品质量数据和生产进度数据等,为生产决策提供依据。人工智能技术则根据大数据分析结果,对生产过程进行优化,如自动调整设备参数、预测设备故障并提前进行维护等。区块链技术则用于记录和追溯原材料的来源、生产过程和产品流向等信息,确保产品质量和供应链的安全。

在技术融合的推动下,区域科技创新平台需要不断进行升级和优化,以适应创新发展的需求。平台需要加强数字化基础设施建设,提高网络通信能力和数据存储及处理能力,为技术融合提供坚实的支撑。还需建立完善的技术融合应用体系,推动大数据、人工智能、区块链等技术在创新服务、成果转化、产业发展等方面的深度应用。

某区域科技创新平台通过建设大数据中心和人工智能计算平台,提升了数据处理和分析能力。同时,平台开发了基于区块链的科技成果交易系统,实现了科技成果的在线交易和知识产权保护。通过这些举措,平台的创新服务能力得到了显著提升,吸引了更多的创新主体入驻,促进了区域创新生态的繁荣发展。

区域科技创新平台的数字化转型与智能化升级是一个复杂而系统的工程,需要充分发挥大数据、人工智能、区块链等新兴技术的优势,加强技术融合与协同创新。只有这样,才能打造出具有强大创新能力和竞争力的区域科技创新平台,为区域经济的高质量发展提供有力支撑。

2   绿色创新与生态文明建设:共绘区域可持续发展蓝图

在全球生态环境问题日益严峻的当下,绿色创新已成为时代发展的迫切需求,也是区域科技创新平台实现可持续发展的核心驱动力。区域科技创新平台作为区域创新的关键枢纽,将绿色创新与生态文明建设深度融合,不仅是应对环境挑战的必然选择,更是推动区域经济高质量发展、实现人与自然和谐共生的重要路径。通过在平台建设、运营管理、技术创新与应用等多个维度融入绿色理念,区域科技创新平台正逐步成为引领绿色发展的前沿阵地,为区域可持续发展注入源源不断的动力。

2.1   绿色理念引领平台建设:打造生态友好的创新家园

绿色创新对于区域科技创新平台的可持续发展具有不可估量的重要性,它是应对全球环境挑战、实现经济与环境协调发展的关键所在。随着气候变化、资源短缺、环境污染等问题的日益加剧，传统的发展模式难以为继，绿色创新成为破解这些难题的"金钥匙"。对于区域科技创新平台而言，绿色创新不仅有助于提升平台的环境绩效，降低资源消耗，减少环境污染，还能增强平台的创新能力和竞争力，吸引更多的创新资源和人才汇聚。

在平台建设过程中，融入绿色理念已成为众多区域科技创新平台的共识，一系列具体举措正在稳步推进。在建筑设计与材料选择方面，众多平台积极采用绿色建筑材料，如可再生的竹材、环保的再生砖、高效的隔热保温材料等，这些材料不仅具有良好的环保性能，还能有效降低建筑能耗。在能源利用上，充分考虑自然采光和通风，减少对人工照明和空调系统的依赖。例如，某区域科技创新平台的主体建筑采用了大面积的玻璃幕墙设计，结合智能遮阳系统，在保证充足自然采光的同时，有效避免了阳光直射带来的室内过热问题，大大降低了照明和空调能耗。

节能技术的应用也是平台建设的重点。许多平台安装了太阳能板、风力发电机等可再生能源设备，实现了部分能源的自给自足。某沿海地区的科技创新平台，利用丰富的海风资源，安装了多台小型风力发电机，与太阳能板一起，为平台的日常运营提供了相当比例的清洁能源。据统计，该平台通过可再生能源的利用，每年可减少碳排放数百吨，能源成本也显著降低。

废弃物管理与处理也是绿色平台建设的重要环节。平台建立了完善的垃圾分类制度，对可回收物、有害垃圾和其他垃圾进行严格分类，并与专业的回收处理企业合作，确保废弃物得到妥善处理和回收利用。一些平台还引入了先进的废弃物处理技术，如有机废弃物的堆肥处理、电子废弃物的无害化拆解等，实现了废弃物的减量化、资源化和无害化。

2.2　绿色运营管理：践行可持续发展的日常行动

在运营管理层面，区域科技创新平台积极推广绿色办公和绿色出行，将可持续发展理念融入日常工作的每一个细节中，为减少碳排放、营造绿色创新氛围发挥着积极作用。

绿色办公的推广涵盖了多个方面。无纸化办公成为众多平台的首要举措，通过建立电子文档管理系统、推广电子签名技术等，实现了文件的电子化存储、传输和审批，大大减少了纸张的使用。某区域科技创新平台通过实施无纸化办公，每年纸张使用量减少了数十吨，不仅降低了办公成本，还减少了造纸过程中的能源消耗和环境污染。

节能的设备和办公用品的使用也得到了大力倡导。平台鼓励入驻企业和机构采用节能灯具、智能插座、节水器具等，降低能源消耗。在照明方面，将传统的荧光灯更换为LED节能灯，可降低照明能耗40%以上；智能插座能在设备待机时自动切断电源，避免不必要的能源浪费。

绿色出行的推广同样成效显著。平台提供公共自行车、电动汽车充电桩等设施，为员工和访客提供绿色出行的便利。一些平台还与共享单车企业合作，在园区周边设置共享单车停放点，方便人们短距离出行。某高科技园区的科技创新平台通过完善自行车道和人行道设施，鼓励员工骑自行车上下班。据统计，该园区员工骑自行车出行的比例逐年提高，有效缓解了交通拥堵并减少了碳排放。

为了提高人们对绿色出行的认识和参与度，平台还开展了形式多样的宣传活动，如举办绿色出行主题讲座、发放宣传资料、开展绿色出行打卡活动等，营造了浓厚的绿色出行氛围。通过这些努力，区域科技创新平台不仅在节能减排方面取得了显著成效，还在潜移默化中培养了人们的环保意识和绿色生活习惯，为可持续发展奠定了坚实的社会基础。

2.3 绿色技术创新与应用：点燃产业升级的绿色引擎

区域科技创新平台在推动绿色技术研发和应用方面发挥着关键作用，通过整合创新资源、搭建创新平台、提供政策支持等方式，为绿色技术的创新与发展提供了有力支撑。

在清洁能源领域，平台积极支持企业和科研机构开展太阳能、风能、水能、生物质能等可再生能源的高效利用技术研发。某区域科技创新平台与多所高校和科研机构合作，共同开展太阳能电池技术的研发，成功提高了太阳能电池的转换效率，降低了生产成本。该技术的推广应用，使得更多的企业和家庭能够使用太阳能发电，减少了对传统化石能源的依赖。

在节能环保领域，平台鼓励研发高效的节能技术和环保产品。例如，研发新型的节能建筑材料和技术，提高建筑物的能源利用效率；开发环保型的涂料、清洁剂等产品，减少对环境的污染。某企业在平台的支持下，研发出一种新型的节能空调系统，该系统采用了先进的智能控制技术和高效的制冷制热技术，相比传统空调系统，能耗降低了30%以上，受到市场的广泛欢迎。

资源循环利用领域也是平台关注的重点。平台支持研发废弃物的回收利用技术，实现资源的循环利用。一些平台建立了资源循环利用示范基地，对废旧金属、塑料、纸张等进行回收和再加工，生产出再生产品。某资源循环利用企业在平台的帮助下，建立了一套完整的废旧塑料回收利用生产线，将废旧塑料转化为高质量的再生塑料颗粒，用于生产塑料制品，实现了资源的高效利用和废弃物的零排放。

这些绿色技术的创新成果，为产业绿色升级提供了强大动力。传统产业通过应用绿色技术，实现了节能减排和生产方式的转变，提高了产业的竞争力。新兴的绿色产业，如新能源汽车、节能环保设备制造、资源循环利用等，在平台的培育和支持下，得到了快速发展，成为区域经济增长的新引擎。

2.4　绿色创新与区域发展的良性互动：实现经济与生态的双赢

绿色创新在促进区域生态文明建设与经济发展的良性互动方面成效显著，众多成功案例充分展示了其巨大潜力。以某生态工业园区为例，该园区以绿色创新为核心，积极推动产业绿色升级和生态环境改善。园区内的企业通过采用绿色技术和清洁生产工艺，实现了资源的高效利用和废弃物的最小化排放。同时，园区加强了生态基础设施建设，打造了绿色景观和生态廊道，提升了区域的生态环境质量。

在经济发展方面，绿色创新为园区带来了新的发展机遇。新能源、节能环保等绿色产业蓬勃发展，吸引了大量的投资和人才，形成了新的经济增长点。例如，园区内的一家新能源企业在政府和平台的支持下，不断加大研发投入，成功开发出一系列具有自主知识产权的新能源产品，产品畅销国内外市场，企业规模不断扩大，带动了相关产业的发展。

绿色创新也面临着一些挑战。绿色技术研发成本高、风险大，需要大量的资金和人才投入；绿色技术的市场推广和应用还面临着消费者认知度不高、市场机制不完善等问题；绿色创新的政策支持体系还需要进一步完善，以提高政策的针对性和有效性。

为应对这些挑战，区域科技创新平台需要加强与政府、企业、高校和科研机构的合作，共同推动绿色创新的发展。政府应加大对绿色技术研发的资金投入，完善政策支持体系，如提供税收优惠、财政补贴、贷款贴息等，降低企业的创新成本和风险。平台应加强对绿色技术的宣传和推广，提高消费者对绿色产品的认知度和接受度，培育绿色市场。还应加强绿色创新人才的培养和引进，为绿色创新提供坚实的人才保障。

3   未来挑战与机遇：在变革浪潮中勇立潮头

在全球科技飞速发展与国际形势深刻变革的大背景下，区域科技创新平台站在了时代的风口浪尖，既面临着前所未有的挑战，也迎来了诸多难得的发展机遇。这些挑战与机遇相互交织，深刻影响着平台的未来走向，也对其发展策略提出了全新的要求。深入剖析这些挑战与机遇，探寻切实可行的应对策略，成为区域科技创新平台实现可持续发展的关键所在。

3.1   全球科技竞争：迈向国际舞台的激烈角逐

在当今全球化时代，科技已成为国家和地区竞争的核心要素，全球科技竞争呈现出愈发激烈的态势。各国纷纷将科技创新置于国家战略的高度，持续加大研发投入，积极布局前沿科技领域，力求在全球科技版图中占据有利地位。

美国作为科技强国，长期以来在科研投入上保持着高额支出。其政府不仅大力支持高校和科研机构开展基础研究，还通过税收优惠、财政补贴等政策措施，鼓励企业加大研发投入。在人工智能领域，美国的科技巨头如谷歌、微软、英伟达等，凭借雄厚的资金实力和顶尖的科研人才，在技术研发和应用方面取得了众多领先成果。谷歌的人工智能算法在自然语言处理、图像识别等领域处于世界前沿水平，英伟达的图形处理芯片则为人工智能的深度学习提供了强大的计算支持。

欧盟也不甘落后，通过实施一系列科研计划，如"地平线欧洲"计划，汇聚欧洲各国的科研力量，共同开展前沿科技研究。在新能源汽车领域，德国的宝马、大众等汽车制造商，凭借先进的技术和雄厚的工业基础，在电动汽车的研发和生产方面取得了显著进展。德国的汽车企业注重电池技术的研发，不断提高电池的能量密度和续航里程，同时加强自动驾驶技术的研究，推动新能源汽车向智能化方向发展。

中国近年来在科技创新方面的投入也在不断增加，国家财政科技支出持续增长，企业的研发投入积极性也日益高涨。在5G通信领域，中国的华为公司凭借其强大的技术研发能力和创新精神，在全球5G技术标准制定、设备制造和网络建设方面发挥了重要作用。华为拥有大量的5G专利技术，其5G基站设备在全球范围内得到广泛应用，为全球5G通信的发展做出了重要贡献。

在如此激烈的全球科技竞争环境下，区域科技创新平台面临着巨大的压力。首先，平台需要不断提升自身的创新能力，以跟上国际科技发展的步伐。这要求平台加大对科研的投入，吸引和培养顶尖的科研人才，加强与高校、科研机构的合作，开展前沿科技研究。其次，平台要提高自身的竞争力，在全球科技资源的争夺中占据一席之地。这需要平台优化创新生态环境，完善政策支持体系，加强知识产权保护，吸引国内外优秀的科技企业和创新团队入驻。

某区域科技创新平台为了提升创新能力，与多所国内外知名高校和科研机构建立了合作关系，共同开展人工智能、生物医药等领域的研究项目。平台还设立了专项科研基金，鼓励科研人员开展创新性研究。在提升竞争力方面，平台出台了一系列优惠政策，如租金减免、税收优惠、人才补贴等，吸引了众多科技企业入驻。同时，平台加强了知识产权保护，建立了知识产权服务中心，为企业提供知识产权申请、维权等服务。通过这些措施，该平台在全球科技竞争中逐渐崭露头角，成为区域科技创新的重要引擎。

3.2 技术创新不确定性:探索未知领域的风险与机遇

技术创新的不确定性是区域科技创新平台面临的又一重大挑战。随着科技的飞速发展，新技术层出不穷，技术更新换代的速度不断加快，这使得技术创新的方向和路径变得更加难以预测。

以人工智能领域为例，近年来深度学习、强化学习等技术取得了快速发展，但这些技术的发展也带来了诸多不确定性。一方面，技术的发展方向难以确定，新的算法和模型不断涌现，科研人员需要在众多的技术路径中做出选择，而一旦选择错误，可能会导致研发投入的浪费。例如，在图像识别领域，不同的深度学习算法在不同的应用场景下表现各异，科研人员需要根据具体的需求和数据特点选择合适的算法，否则可能无法达到预期的效果。

另一方面，技术的应用前景也存在不确定性。新技术的应用往往需要与市场需求、社会伦理等因素相适应，而这些因素的变化难以预测。例如，人工智能在医疗领域的应用，虽然具有巨大的潜力，但也面临着数据隐私保护、医疗责任界定等问题。如果这些问题得不到妥善解决，可能会阻碍人工智能在医疗领域的应用和发展。

技术创新的不确定性也为区域科技创新平台带来了机遇。在不确定性中，往往蕴含着新的创新机会和发展空间。平台可以通过加强对技术发展趋势的研究和预测，提前布局新兴技术领域，抢占创新先机。同时，平台还可以鼓励创新主体开展多元化的技术创新尝试，在不断探索中寻找新的技术突破点。

某区域科技创新平台为了应对技术创新的不确定性，成立了专门的技术研究团队，对人工智能、区块链、生物技术等新兴技术的发展趋势进行跟踪和研究。团队通过分析大量的科研文献、行业报告和市场数据，预测技术的发展方向和应用前景，并为平台的创新决策提供依据。平台还设立了创新孵化基金，鼓励创新主体开展具有创新性和风险性的技术研发项目。对于一些具有潜力但风险较高的项目，平台给予一定的资金支持和政策扶持，帮助创新主体降低风险，提高创新成功的概率。通过这些措施，该平台在技术创新的不确定性中抓住了机遇，取得了一系列创新成果。

3.3　资源环境约束：可持续发展的紧迫挑战

随着全球资源短缺和环境压力的不断增大，资源环境约束已成为区域科技创新平台发展无法回避的重要问题。资源的有限性和环境承载能力的制约，对平台的创新活动产生了多方面的影响。

在资源方面，土地、水、矿产等自然资源的短缺或限制使用，给区域科技创新平台的建设和发展带来了诸多困难。一些地区由于土地资源紧张，限制了平台的规模扩张和基础设施建设；水资源的短缺则影响了科研实验和生产活动的正常开展；矿产资源的匮乏使得一些依赖原材料的创新项目难以推进。

以某沿海地区的区域科技创新平台为例，由于土地资源有限，平台在规划建设过程中面临着诸多限制。为了满足入驻企业的需求，平台不得不进行高强度的土地开发，导致土地资源更加紧张。同时，该地区水资源相对匮乏，科研实验和生产活动对水资源的大量需求，使得水资源供需矛盾日益突出。为了解决这些问题，平台不得不投入大量资金进行海水淡化、雨水收集等水资源开发利用项目，增加了平台的运营成本。

在环境方面，环境承载能力的有限性对平台的创新活动提出了更高的要求。创新过程中产生的污染物排放和废弃物处理，必须符合严格的环保标准，否则将面临严厉的处罚。这就要求平台在推动创新的同时，注重环境保护，加强对创新活动的环境监管。

某区域科技创新平台在发展过程中，部分企业的环保意识不强，创新活动产生的污染物排放超标，导致周边环境受到污染。当地政府对该平台进行了严厉的处罚，并责令其进行整改。为了应对这一问题，平台加强了对入驻企业的环保监管，建立了严格的环保准入制度，对新入驻企业是否符合环保要求进行严格审核。平台还加大了对环保技术研发的支持力度，鼓励企业开展清洁生产技术和环保产品的研发，推动创新活动向绿色化方向发展。

面对资源环境约束，区域科技创新平台需要积极推动绿色创新，实现资源的高效利用和环境保护。平台可以加大对绿色技术研发的投入，支持企业和科研机构开展可再生能源利用、节能减排、资源循环利用等领域的技术创新。平台还可以加强对创新主体的环保教育和培训，提高其环保意识和责任感，引导创新主体在创新过程中自觉践行绿色发展理念。

3.4　新兴技术与国际合作：开启创新发展的新大门

尽管面临诸多挑战，但区域科技创新平台也迎来了前所未有的发展机遇。新兴技术的快速发展为平台提供了强大的技术支持，推动了平台的数字化转型、智能化升级和绿色创新。

大数据、人工智能、区块链、生物技术等新兴技术的涌现，为区域科技创新平台带来了新的发展动力。大数据技术使得平台能够收集、分析和利用海量的数据，为创新决策提供科学依据；人工智能技术可以实现智能化的创新服务和管理，提高创新效率和质量；区块链技术则为创新过程中的信任构建和知识产权保护提供了可靠的解决方案；生物技术的发展为生命健康领域的创新带来了新的机遇。

某区域科技创新平台利用大数据技术，对入驻企业的创新数据进行分析，挖掘出企业的创新需求和潜在的合作机会。通过建立大数据分析模型，平台能够为企业提供精准的创新资源推荐服务，提高了创新资源的配置效率。平台还引入了人工智能客服系统，实现了24小时在线服务，及时解答企业的咨询和问题，提升了服务质量和效率。在知识产权保护方面，平台利用区块链技术建立了知识产权登记和交易平台，确保了知识产权的归属和交易的安全可靠。

国际合作的深化也为区域科技创新平台带来了广阔的发展空间。随着经济全球化的深入发展，国际科技合作日益紧密，区域科技创新平台可以通过加强与国际知名科研机构、高校和企业的合作，引进国外先进技术和创新理念，提升自身的创新能力和国际化水平。

通过参与国际科技合作项目，区域科技创新平台可以与国际同行共同开展前沿技术研究和关键技术攻关，分享创新成果，拓展国际市场。某区域科技创新平台与欧洲的一家科研机构合作开展了一项关于新能源材料的研究项目，双方充分发挥各自的优势，在材料研发、性能测试等方面进行了深入合作。通过合作，该平台不仅引进了国外先进的技术和研究方法，还提升了自身在新能源材料领域的研究水平，其研究成果在国际上得到了广泛认可。平台还积极与国际企业开展合作，推动科技成果的产业化应用，拓展了国际市场份额。

3.5 应对策略与未来展望：砥砺前行，开创美好未来

为了有效应对挑战，充分把握机遇，区域科技创新平台需要采取一系列切实可行的策略。

在加强创新能力建设方面，平台应加大对研发的投入，吸引和培养高素质的创新人才。建立完善的人才培养体系，与高校、科研机构合作开展人才培养项目，为平台的创新发展提供坚实的人才支撑。加强与高校、科研机构的合作，建立产学研协同创新机制，促进科技成果的转化和应用。通过共建研发中心、产业技术创新联盟等形式，加强产学研各方的沟通与协作，实现

资源共享、优势互补，提高科技成果的转化效率。

在拓展国际合作渠道方面，平台应积极与国际科技组织、科研机构和企业开展交流与合作，参与国际科技合作项目，推动技术、人才、资金等创新要素的跨境流动。加强国际科技人才的引进和培养，吸引国外优秀人才来平台工作和创业，提高平台的国际化水平。建立国际科技合作交流平台，举办国际科技会议、学术交流活动等，加强与国际科技界的沟通与联系，提升平台的国际影响力。

在优化创新生态环境方面，政府应加大对区域科技创新平台的政策支持力度，出台相关的优惠政策和扶持措施，鼓励创新主体积极参与平台建设和创新活动。加强知识产权保护，完善知识产权法律法规，加大对知识产权侵权行为的打击力度，保护创新主体的合法权益。营造良好的创新氛围，加强创新文化建设，鼓励创新、宽容失败，激发创新主体的创新活力和创造力。

展望未来，区域科技创新平台将在全球科技竞争与合作中扮演更加重要的角色。随着新兴技术的不断发展和应用，平台将实现更高水平的数字化转型、智能化升级和绿色创新，为区域经济的高质量发展提供强大的科技支撑。通过加强国际合作，平台将汇聚全球创新资源，提升自身的创新能力和国际竞争力，在全球科技创新舞台上展现更加耀眼的风采。在政策的支持和创新生态环境的优化下，平台将吸引更多的创新主体入驻，形成更加活跃的创新生态系统，推动科技创新成果不断涌现，为人类社会的进步和发展做出更大的贡献。

参考文献

［1］黄科林，张明亲.数字赋能高校科技创新平台价值共创的组态路径研究
　　［J］.技术与创新管理，2025，46（1）：31-39.

［2］范丽波，王鹏.高等学校科技创新平台的建设与管理——以许昌学院协
　　同创新中心和产学研合作基地建设为例［J］.科教文汇（上旬刊），2016
　　（10）：122-123.

［3］苏相丁.广西引领性创新高地与区域经济耦合协调发展研究［D］.桂林:桂
　　林理工大学，2024.

［4］刘振晶.高校科技创新平台评估指标体系研究——基于平衡计分卡［J］.
　　时代金融，2020（12）：137-138.

［5］刘璇华，李冉.广东省科技成果转化现状及存在问题分析［J］.科技管理
　　研究，2009，29（03）：107-110.

［6］中国科协学会服务中心.中国科技期刊发展蓝皮书［M］.北京:科学出版
　　社，2023.

［7］范丽琴.试述福建省高校科技创新平台发展概况与特点［J］.科技创新与
　　生产力，2018（10）：7-8+12.

［8］SHENG Y，JI X D，XING L Q. Exploration of the Deep Integration Mechanism
　　of Talent，Innovation，and Industry Chains: Strategies and Practical Research
　　on Building High-Level Technological Innovation Platforms［J］.Industrial En-
　　gineering and Innovation Management，2024，7（4）：54-60.

［9］邢灿.多地绘制发展新质生产力"路线图"［N］.中国城市报，2024-
　　04-15（A03）.

[10] 胡锦涛.坚持走中国特色自主创新道路　为建设创新型国家而努力奋斗——在全国科学技术大会上的讲话 [J].求是，2006（02）：3-9.

[11] 王晓莉.天津市科技成果转化综合服务平台研究 [D].天津:天津大学，2010.

[12] 魏后凯，刘金凤，年猛.面向中国式现代化的城乡融合发展：障碍、目标与长效机制 [J].财贸经济，2025，46（01）：18-29.

[13] 姚树洁.构建高水平社会主义市场经济体制的外部环境和方向路径 [J].人民论坛·学术前沿，2024（23）：48-56.

[14] 沈沁.金融集聚、科技创新与城市经济发展 [M].北京:化学工业出版社，2024.

[15] 杨英，延绥宏，李华.创建中的科技创新平台体系构建 [J].中国高校科技，2012（4）：29-31.

[16] 马敏象，鲍亦平.科技创新发展与前沿技术情报研究 [M].云南人民出版社:2023.

[17] 续圆.山西省重点科技创新平台和团队建设研究——基于"山西省科技创新团队建设计划"实施的分析 [D].太原:山西大学，2018.

[18] 杨昌澎.县域科技创新产业培育平台发展研究——以河南省科学院沁阳科创园为例 [D].郑州:河南农业大学，2023.

[19] 魏蕙聪.河北省区域科技创新平台高质量发展水平测度研究 [D].秦皇岛:燕山大学，2023.

[20] 许伟琦.晋江市科技成果转化中的政府作用研究 [D].泉州:华侨大学，2021.

[21] 刘永进.武汉光谷区域空间规划研究 [J].科技视界，2020，（35）：120-122.

[22] CAO X，WANG Y，HAI H，et al.Research of Construction of Sci-tech Innovation Platform in Anhui Province in China [J].Information and Knowledge Management，2017，7（4）：32-46.

[23] 朱光辉，苏盼盼.加强科技创新基地建设及优化科技创新平台布局研究

——以新疆为例［J］.农业展望，2024，20（09）：100-106.

［24］张丹.科技公共服务平台建设与服务创新研究——以SIBMC公共服务平台为例［D］.苏州:苏州大学，2015.

［25］张志刚，王晓娇.以色列科技人员服务企业创新平台建设经验及其启示［J］.中国科技人才，2024（03）：57-66.

［26］GULIZHAER A，Qi D，Ling L， et al.How the Target Positioning of the S&T Innovation Platform Impacts Its Network Innovation Capability in China［J］.Sustainability，2022，15（1）：716-716.

［27］董华.山东半岛蓝色经济区科技创新平台运行机制研究［D］.青岛:青岛大学，2014.

［28］常伟，张文涛.线上科技创新服务平台的建设与应用研究［J］.江苏科技信息，2024，41（21）：45-49.

［29］王元萍.科技创新对城市高质量发展的影响机理研究［M］.重庆:重庆大学出版社，2023.

［30］苏楠.地方科技创新平台建设中的政府协调机制研究——以烟台市经济技术开发区为例［D］.青岛:青岛大学，2018.

［31］顾璟.创新驱动发展战略背景下江苏省人才高地建设的成效、困境与优化策略［J］.高校教育管理，2022，16（06）：93-101.

［32］盛亚，刘越，施宇.基于多案例的科技创新平台价值创造实现路径研究［J］.科技管理研究，2022，42（16）：132-145.

［33］蔡建新，田文颖.科技创新平台产学研合作对企业双元创新绩效的影响：基于广东省工程技术中心动态评估数据的研究［J］.科技管理研究，2022，42（11）：102-107.

［34］徐示波，贾敬敦，仲伟俊.国家战略科技力量体系化研究［J］.中国科技论坛，2022，（03）：1-8.

［35］马海涛，陶晓丽.区域科技创新中心内涵解读与功能研究［J］.发展研究，2022，39（02）：64-70.

［36］朱佳妮，杨希，刘莉，等.高校科技评价若干重大问题研究［M］.北京:

中国人民大学出版社:2015.

[37] 张立岩.区域科技创新平台生态系统发展模式与机制研究［D］.哈尔滨:哈尔滨理工大学，2015.

[38] 白光祖，彭现科，王宝，等.面向经济主战场强化国家战略科技力量的思考［J］.中国工程科学，2021，23（06）：120-127.

[39] 盛亚，刘越，施宇.基于二维象限模型的我国科技创新平台类型与特征分析［J］.创新科技，2021，21（04）：9-18+2.

[40] 蔡丽茹，杜志威，袁奇峰.我国创新平台时空演变特征及影响因素［J］.世界地理研究，2020，29（05）：939-951.

[41] 路文杰，许娜.科技创新平台绩效评估系统设计——基于熵值约束平衡计分卡模型［J］.河北科技大学学报（社会科学版），2020，20（02）：25-32.

[42] 张虎翼，邓文星，姚心仪，等.基于创新型制造企业的科技创新平台建设探析［J］.管理现代化，2020，40（03）：56-59.

[43] 郭海婷.福建省重大科技创新平台建设运行机制研究［D］.福州:福建农林大学，2013.

[44] 徐临阳.基于地域特色的地方高校特色学科建设研究［D］.西安:西北大学，2010.

[45] 孙庆.区域科技创新平台网络化发展模式与路径研究［D］.哈尔滨:哈尔滨理工大学，2010.

[46] 刘涛，刘建安，魏延迪，等.国家农业科技创新平台体系布局建议［J］.农业科技管理，2019，38（06）：1-3.

[47] 孙晓冬，李斌，褚农农，等.浅谈对北京主要科技创新平台建设的思考［J］.农业科技管理，2019，38（01）：45-49+60.

[48] 余唯，李海燕.科技创新平台共享中存在的问题与对策［J］.科技管理研究，2018，38（10）：23-27.

[49] 曾昆.国外科技创新平台建设经验综述［J］.中国工业评论，2017（12）：68-72.

［50］李增刚.新旧动能转换中地方政府的作用与财政支持［J］.公共财政研究，2017（05）：14-20.

［51］孙志良，高志强，邹锐标，等.卓越农林人才协同培养机制探索——以湖南农业大学为例［J］.高等农业教育，2017（01）：43-45.

［52］庞建刚，刘志迎.科研众包式科技创新研究——基于网络大众科技创新投入的视角［J］.中国软科学，2016（05）：184-192.

［53］李斌，裴大茗，廖镇.国家科技创新平台建设的思考［J］.实验室研究与探索，2016，35（04）：170-173+178.

［54］肖桂华，周烨.实施科技创新平台战略共迎2016虚拟现实元年——中国虚拟现实与可视化产业技术创新战略联盟理事会侧记［J］.中国科技产业，2016（02）：44-46.

［55］王贺，赵林萍，王芳，等.浅谈农业科研院所科技平台建设与发展［J］.科技管理研究，2015，35（10）：23-25+31.

［56］邱栋，吴秋明.科技创新平台的跨平台资源集成研究［J］.自然辩证法研究，2015，31（04）：99-104.

［57］胡一波.科技创新平台体系建设与成果转化机制研究［J］.科学管理研究，2015，33（01）：24-27.

［58］苏朝晖，苏梅青.科技创新平台服务质量评价——对福州、厦门、泉州三地的实证研究［J］.科技进步与对策，2015，32（04）：92-99.

［59］陈拥贤.地方本科高校转型发展的制约因素与对策分析——以湖南省新建地方本科高校为例［J］.职教论坛，2015（01）：21-30.

［60］杨勇.粤港科技创新走廊科技服务合作模式研究［J］.科技管理研究，2014，34（17）：43-47.

［61］李升泽.绩效棱柱框架下公共科技创新平台评价研究［J］.中国科技论坛，2014，（05）：27-31+38.

［62］陈志辉.科技创新平台内涵特征与发展思考［J］.科技管理研究，2013，33（17）：34-37.

［63］黄慧玲.厦门市科技创新平台体系的建设与评估［J］.中国科技论坛，

2013（04）：5-11.

[64] 谢旭红，李诚昌，周芊芊.科技创新平台有效运行机制研究［J］.中国高校科技，2012（07）：30-31.

[65] 简兆权，陈键宏.公共科技创新平台运行机制研究:广东地区个案［J］.科学管理研究，2012，30（03）：1-4+35.

[66] 李葳，王宏起.区域科技创新平台体系建设与运行策略［J］.科技进步与对策，2012，29（06）：10-13.

[67] 杨艳红，陆红娟，陈林，等.江苏科技公共技术服务平台建设与思考［J］.科技管理研究，2012，32（04）：58-61.

[68] 吴秋明，邱栋.福建省科技创新平台的系统结构模式——基于创新资源集成管理的视角［J］.东南学术，2012（01）：209-217.

[69] 刘克平，于微波，李岩，等.自动化专业实习实践教学改革与探究［J］.实验室研究与探索，2011，30（10）：371-373.

[70] 赵玉龙，张剑.高校工程（研究）中心建设发展现状研究［J］.技术与创新管理，2011，32（05）：455-457.

[71] 江军民，晏敬东，范体军.基于区域自主创新的科技创新平台构建——以湖北科技创新平台建设为例［J］.科技进步与对策，2011，28（17）：40-44.

[72] 简兆权，陈键宏，余芳.公共科技创新平台发展问题与对策研究——以佛山为例［J］.科技管理研究，2011，31（15）：12-16.

[73] 陆艳.广西农业科技创新成效与创新平台建设思路［J］.南方农业学报，2011，42（07）：809-812.

[74] 王然，李正元.科技创新平台与科技创新外部性的内在化［J］.科技管理研究，2011，31（06）：9-11.

[75] 李小稳，黄灿灿.福建省科技创新现状及对策分析［J］.科技创业月刊，2011，24（03）：27-29.

[76] 马涛，赵宏.滨海新区区域科技创新平台网络化发展研究［J］.科学学与科学技术管理，2011，32（03）：74-77.

［77］许强，杨艳.公共科技创新平台运行机理研究［J］.科学学与科学技术管理，2010，31（12）：56-61.

［78］潘信吉.学生科技创新平台的建设与实践［J］.实验室研究与探索，2010，29（07）：207-209.

［79］赵林萍.科技创新平台建设现状、存在的问题及发展规划［J］.农业科研经济管理，2010（02）：2-6.

［80］郑世珠.地方高校推进科技创新平台建设的几点思考——以福州大学为例［J］.科技与管理，2010，12（03）：138-141.

［81］戴晓琳，刘成敏，陈子敏.西部高校科技创新平台服务区域经济建设的实践——以宁夏大学为例［J］.科技管理研究，2010，30（02）：91-92+65.

［82］李海华.浙江省科技创新平台评价及实证研究［D］.杭州:浙江工业大学，2009.

［83］张利，李强.高等农业院校科技创新平台科学管理对策［J］.农业科技管理，2009，28（05）：48-50.

［84］宋广林，李文华.谈农业高校科技创新平台体系的建设［J］.农业科技管理，2009，28（02）：39-41+82.

［85］许强，葛丽敏.行业科技创新平台的虚拟组织运行模式研究［J］.科技进步与对策，2009，26（02）：49-51.

［86］黄雪嫚.高校科研创新团队建设研究［D］.武汉:武汉理工大学，2008.

［87］薛捷.广东专业镇科技创新平台的建设与发展研究［J］.科学学与科学技术管理，2008（09）：87-91.

［88］刘敏.科技创新平台建设中的政府职能研究——以常州科教城为例［D］.上海:复旦大学，2008.

［89］李啸，朱星华.浙江科技创新平台建设的经验与启示［J］.中国科技论坛，2008（03）：39-43.

［90］于国波，张永宁，陈磊.高校科技创新平台的合作动力与运行机制研究［J］.中国石油大学学报（社会科学版），2007（05）：98-101.

［91］宋跃，杨雷，雷瑞庭，等.学生科技创新平台的构建实践［J］.实验室研究与探索，2007（09）：72-74.

［92］李啸，朱星华.广东科技创新平台建设的经验与启示［J］.中国科技论坛，2007（09）：17-20+32.

［93］周洪利.高校科技创新团队组建和管理研究［D］.天津:天津大学，2007.

［94］刘宁.论高校科研机构的建设［J］.湖南科技学院学报，2007（06）：158-159.

［95］崔滨.长春市科技创新平台评价研究［D］.长春:吉林大学，2007.

［96］马卫华，蒋兴华，赵敏，等.组建我国高校科技创新平台的对策分析［J］.科技进步与对策，2007（03）：162-164.

［97］王有增，李伟，张建策，等.建设现代化农业试验站搭建科技创新平台［J］.农业科技管理，2007（01）：13-14+29.

［98］陈磊，张永宁.以全新运行机制服务国民经济建设——关于建设科技创新平台的几点思考［J］.中国建材，2006（12）：68-71.

［99］肖彬.中国研究型大学跨学科组织的发展研究［D］.长沙:国防科技大学，2006.

［100］钱佩忠，潘海天.与区域经济互动推进地方高校持续创新［J］.高等教育研究，2006（10）：107-109.

［101］胡瑞.研究型农业大学科技管理体制与运行机制研究［D］.武汉:华中农业大学，2006.

［102］潘慧明.产业集群创新研究［J］.武汉科技学院学报，2006（05）：49-52.

［103］王生洪.创新体制机制推进科技创新平台和人文社科基地建设［J］.中国高等教育，2005（21）：5-7.

［104］黄宁生.加强科技创新平台建设提升广东自主创新能力［J］.广东科技，2005（10）：101-102.

［105］刘华周，郑建初，黄俊.提升江苏农业科技创新能力的政策建议［J］.江苏农业科学，2005（01）：1-4.

［106］李忠.高校科技创新平台管理制度创新研究［J］.长沙铁道学院学报（社会科学版），2004（04）：217-218.

［107］马德秀.产学研联盟:实现高校超常规发展的有效途径［J］.教育发展研究，2004（09）：15-17.

［108］高校中长期科技发展战略研究专题组.构建科技创新平台优化高校创新体系建设［J］.中国高等教育，2004（12）：13-14.

［109］钱平凡.基于产业集群的我国科技创新的战略研究［J］.中国科技论坛，2004（02）：33-38.

［110］钱平凡.基于产业集群的我国科技创新战略研究［J］.经济纵横，2004（03）：20-24.